상처와 불안 이렇게 극복해!

상처와 불안
이렇게 극복해!

초판발행일 | 2025년 1월 20일

지 은 이 | 최범수
펴 낸 이 | 배수현
디 자 인 | 천현정
제 작 | 송재호
홍 보 | 배예영
물 류 | 이슬기
문 의 | 안미경

펴 낸 곳 | 가나북스 www.gnbooks.co.kr
출판등록 | 제393-2009-000012호
전 화 | 031) 959-8833(代)
팩 스 | 031) 959-8834

ISBN 979-11-6446-117-2 (03190)

※ 가격은 뒤표지에 있습니다.
※ 잘못된 책은 구입하신 곳에서 교환해 드립니다.

상처와 불안 이렇게 극복해!

최 범 수 지음

"인생의 가장 큰 영광은 결코
넘어지지 않는 데 있는 것이 아니라
넘어질 때마다 일어서는 데 있다"
- 넬슨 만델라 대통령

가나북스

···목차

Story 3. 상처의 발원 34

Story 4. 불행의 원인 53

··· Prologue

위로가 필요한 당신에게 보냅니다

오늘 회사를 마치고 귀가하는 발걸음이 가볍고 경쾌한가? 어떤 날은 그럴 것이고, 어떤 날은 몸도 마음도 무거울 것이다. 혹자는 기회가 참 많은 세상이라고 한다. 자유 민주주의로 누리는 갖가지 혜택이 있으며, 세계로 연결되는 인터넷, 네트워킹, 초스피드의 정보 사회에 살고 있다. 그런데 왜 내 마음은 때때로 허전하고 불안할까? 정보를 많이 아는 사람이 갈수록 우위를 점하고, 부를 더 가진 쪽이 갖지 못한 자를 지배한다. 한정된 기회와 재원을 차지하기 위한 경쟁 구도 속에서 선택을 받는 쪽과 그렇지 못한 쪽으로 나뉘기 마련이다. 당연하겠지만 기회를 차지한 쪽이 상대를 리드하게 된다. 그렇다면 우리는 어느 쪽에 속할 것인가?

원시 시대에 인간은 수렵, 채집 활동을 통해 의식주 위주로만 생존

했다. 현대에 이르러 문명이 발달하면서 편리하고 세련된 것들이 많아졌다. 경제적 능력을 갖춘 인간은 스스로 식량과 먹이를 채집하지 않아도 살 수 있게 되었다. 하지만 편리한 만큼 경쟁이 가속화되었기에 세상에 만만한 일이 없어졌다. 우수한 인원들은 부의 세습을 뛰어넘어 스스로 경쟁력을 확보한다. 하지만 그 비중은 극히 일부이다. 대부분의 사람들은 여전히 제한된 기회에 도전하고, 그 결과 성취하는 자들도 일부 있다. 하지만 선택을 받지 못한 많은 사람들은 그로 인한 스트레스를 경험한다.

유아기, 청소년기와 청년기를 거치면서 대부분 어른들의 보호를 받고, 일부는 보호받지 못하는 환경에서 자라난다. 저마다 다른 가정에서 10대를 보내고 20대, 30대를 거치며 우리는 수많은 실패와 실수를 반복한다. 그 이후에 40대, 50대를 지나면서도 역시 다수의 시행착오를 경험한다. 어릴 때 그렇게 자신만만하던 모습도 많은 경우, 점차 잃어 가게 된다. 세상을 알아가면서 경쟁이 만만하지 않다는 것도 알게 된다. 자신을 알아주는 편안한 친구나 가족과 있을 때는 잠시 안도하며 정신적으로 휴식할 수도 있다. 하지만 그 외에 그렇게 우리를 이해해주고 격려해줄 사람은 많지 않다. “세상은 만만하지 않다”, “긴장하고 더 노력하라”라는 말로 충고하는 사람이 주위에 더 많을 수도 있다. 이처럼 우리는 살아가면서 편안함보다는 긴장과 어려움을 느끼는 상황들 속에 놓이는 경우가 많다.

우리는 위로가 필요하다. 아무 조건 없이 내 편이 되어줄 무언가가 우리는 늘 필요하다. 그것이 친구든, 취미든, 동물이든, 식물이든 혹은 종교이든 말이다. 또는 그것이 독서, 산책, 음악 감상, 영화 감상 혹은 스포츠가 될 수도 있다. 언제나 곁에서 우리의 이야기를 들어줄 그 누군가가 필요하다. 꼭 문제를 해결해주지 않더라도 고충에 귀 기울여 주는 사람만 있어도 충분한 위로가 된다. 힘들고 답답할 때, 나의 사연에 경청해 주는 친구 한 명만 있어도 큰 위안이 되기도 한다.

필자는 평범한 가정 환경에서 자란 사람이다. 사춘기 시절에는 가정 불화, 불안정의 이유로 방황하기도 했다. 10대 후반에는 아버지의 거듭된 음주와 무기력함을 목격했다. 군 제대 이후에는 빠르게 자립하고자 우유 및 신문 배달, 주유소, 과외 등 다양한 아르바이트를 했다. 20대에는 여느 학생들처럼 장학금을 받기 위해 대학교 도서관에 늦게까지 틀어박혀 있기도 했다. 해외에 나가고 싶은 꿈이 있어서 외국어 공부에 도전했고, 운 좋게 원하는 회사에 들어갔다. 30대 초반에는 경험 미숙, 짧은 식견, 젊은 혈기로 요약되는 회사 생활을 했다. 농부의 아들로 자라 아직 세상에 대응할 준비가 덜 된 상태에서 마주한 조직 생활은 다소 이해가 안 되는 상황들이 많았다. 마음의 상처를 자주 받기도 했다. 그럼에도 불구하고 '도전'을 인생의 모토로 삼았다. 자연스럽게 몇 번의 이직, 전직, 사업을 경험하면서 점차 회사 생활이 만만하지 않음을 알게 되었다. 또한 내 자신이 참 부족하다는 것을 느끼는 순간들이 많았다. 그래도 한 번 사는 인생인데 가능하면 무엇이든 망설이기보다는 도전하는 삶을 살고 싶었다. 실수로 인한 부끄러움보다는 도전하지 않는 안이함을 없애려 노력했다. 시도가 많았던 만큼 실수와 실패도 많았다. 내로라하는 좋은 직장에서의 몇 번의 이직도 있었다. 그 결정에는 더 경험해 보고 싶은 욕심과 학습하고자 하는 열의도 있었다.

최근에는 그 무엇보다 스스로의 행복과 마음가짐이 중요함을 느낀다. 어느 때이건 자신만의 기준과 마음이 가장 중요하다고 생각한다. 많은 좌충우돌의 과정 속에서 가장 부족했던 것은 나의 마음과 스스로에 대한 믿음이라는 것을 알게 되었다. 더 일찍 알지 못했음이 아쉽기도 하지만 오늘이 행복하다고 느껴지니 괜찮다. 물론 척박하고 어려운 삶의 순간 속에서 치열하게 고독과 고난의 시간을 보낸 적도 많다. 모두가 그런 것처럼 내 인생 역시 눈물을 머금고 인내한 인고의 시간들이 많이 있었다. 그래도 세상 그 무엇에도 아픔과 진통 없이 성장한 것들이 없을 테니 위로가 된다. 여전히 매일 세상과 부딪히고 도전하면서 살아간다.

바빴던 3040의 시기가 이제 지나갔다. 40대 이후에는 다소 평범한 삶을 살고 있다. 다만, 40대 중반부터 우연한 기회로 독서에 집중하게 되었다. 중년의 나이에도 무엇인지 모를 목마름, 채워지지 않은 인생의 조각이 있었기 때문이리라. 다양한 책들에 한동안 빠져들고 나니 기존의 혼란한 생각들이 정리가 되어간다. 또한 선인, 현자, 위인들의 말씀과 함께 나의 기준이 자리 잡아가고 있다. 비로소 공자의 50세 지천명(知天命)을 새롭게 느낀다.

누구에게나 고난과 상처, 행복과 불행이 찾아온다. 순서와 개수, 정도만 다를 뿐이다. 보통의 우리들이 그러하듯, 나도 오랫동안 크고 작은 상처를 받으면서 살아왔다. 한때는 참 지독하고 힘든 아픔의 터널 안에 갇혀 있었다. "이렇게 삶을 영위하기보다 그만하는 게 낫지 않을까" 생각을 해 본 적이 꽤 있다. 그때마다 어머니, 아내, 친구나 신앙, 해야 할 일 등의 이유로 그만하지 못했다. 이렇듯 나를 이해해 주는 단 한 사람만 있어도 버틸 수 있다. 그 순간을 넘기면 좀 나아지곤 한다. 어두운 터널을 가까스로 벗어난 후부터 자기 효능감을 찾으려 하고 있다. 나의 가치와 존재의 아주 작은 이유라도 찾아가면서 상처를 치유하고 조금씩 스스로를 위로하는 방법을 알아간다. 반평생을 스스로와 가족을 위해서 살았으니 이제 남은 생애는 조금이라도 세상과 더 소통하며 살고자 한다. 팍팍한 이 시대를 살아가는 분들에게 작게나마 위로의 말씀을 전하며 공감하고 싶다.

이제는 꼭 일류나 최고가 되겠다는 생각이 없어지고 평범한 것이 좋아졌다. 일류보다는 이류, 삼류도 좋다. 편안함과 의미만 있다면 충분하다. 나처럼 평범한 사람의 상처 치유법, 또는 생각을 공유하면서 이 땅의 상처받은 분들에게 위로와 공감이 되고자 한다. 이미 여러분도 충분하게 고생했다. 수고 많았으니 잠도 푹 자고 쉬기도 하자. 그리고 한발 더 내딛

자. 조금만 힘내자. 불완전하고 잘하지 못해도 괜찮다. 우리는 그 자체로 소중하다. 오늘, 지금 이 순간의 작은 행복을 찾자. 우리 인생은 아름답고 그 자체로 가치가 있으니까.

작가 프로필

4050세대 작가이자 직장인이다. IMF 직후 대학교를 나와서 현재까지 약 25년간 평범한 회사 생활을 하고 있다. 서울 여의도와 해외에서 직장을 다니며 국내외 영업을 했으며, 현재 은퇴를 약 10 여년 앞둔 나이이다. 전자회사 기업에서 근무하면서 국내외 업무 및 여행으로 해외 약 50여 개 도시를 방문했다. 2017년부터는 2차 전지 해외영업, 마케팅 분야 회사에 재직 중이다. 30대 초부터 10년간 큰 시련과 아픔을 겪고 힘겨웠다. 그때 인생의 심적인 바닥을 찍어봤다. 그 이후 더욱 자기 계발과 도전을 추구해왔다. 어쩌면 삶에 큰 집착과 미련을 갖지 않았기에 더 가능했다. 40대 초반 해외 근무를 할 때 경영학 석사 과정에 도전해서 마쳤다. 몇 년 후 전기, 전자 분야를 연구한 경영학박사 논문도 통과되었다.

40대 중반부터 책 읽기와 글쓰기에 관심이 생겼다. 최근 몇 년간 약 1,200권의 책을 읽었다. 국내외 훌륭한 작가들의 글을 읽고 배움에 관심과 재미를 느낀다. 직장 생활을 하며 틈틈이 부족한 글쓰기를 하고 있다. 걷기 운동, 독서와 책 쓰기를 통해 매일 치유받고 있다. 아침 조기 기상 루틴을 실천하고 있으며, 매일 산책하고 슬로우 러닝을 시도한다. 꾸준히 책을 읽는다. 즐거움을 더 찾아간다. 음악을 듣고 커피를 마신다. 공자, 노자와 석가모니, 정약용 선생의 가르침이 대단하다고 느낀다.

성경에서의 고난, 사랑과 진리에 감명받는다. 공자가 말씀하신 지천명의 나이가 되었는데, 세상에 한 것이 별로 없음을 발견한다. 이토록 평범하고 부족한 필자이지만 살아오면서 받은 사랑과 혜택을 이제는 나누려 한다. 이 땅의 모든 세대와 상처를 받은 분들에게 작은 위로를 나누고 싶다. 즉, 세상과 소통하고자 썼다. 보통의 필자로서 평범한 이야기로 현재 마음의 상처를 받고 어려워하는 분들과 공감하고자 한다. 이 책이 나의 사랑하는 아들 주영이에게도 도움이 되기를 바란다.

2024.08.31 작가 최범수

인스타그램 : https://www.instagram.com/bedari_hesse1124/
이메일 : paulchoi1124@gmail.com (강연 문의)
네이버 : 최범수 (작가/기업인)

Story 1.
이 책을 쓰게 된 이유

현인들로부터 귀감을 얻다

40대 즈음이 되면서 나는 클래식이 더 좋아졌다. 과거의 좀 느리고 여유로운 삶이 부쩍 그리워졌다. 어릴 적 부족한 살림살이 속에서 봄가을 따뜻한 햇볕이 마당에 내리쬘 때 멍하니 앉아있던 시간이 그립다. 마당 누렁이와 주렁주렁 열린 포도송이, 감나무도 생각난다. 미래의 불확실성과 나라 상황, 경제 여건, 뉴스를 통한 세계의 전쟁 소식, 폭력적인 내용에 쉽게 노출된다. 이제 나는 너무 많은 정보를 다 알고 싶지 않아졌고 문학과 철학이 좋아졌다.

다산 정약용 선생의 18년간의 귀향살이, 고(古) 김대중 대통령의 총 18년의 감옥 생활, 고(古) 신영복 교수의 20년의 투옥의 경우만 봐도 느끼는 게 많다. 다산 정약용 선생은 전라남도 강진 유배생활을 포함한 시간 동안 500여 권의 저술을 남긴 전무후무한 기록을 세웠다. 그분의 초서 독서법을 후대에서 참조하여 배운다. 현대와 방식은 좀 다르지만, 저술 활동의 큰 획을 그은 것이다. 자녀와 부인에게 쓴 편지나 '목민심서'에서 백성을 생각하는 마음을 엿보고 배울 수 있다. 현재의 어지러운 정치 모습에서, 우리나라 정치인들도 초심을 되짚어보도록 읽어보면 좋을 것 같다. 혹시 모를 자객이나 사약을 받을지 모르는 두려움, 가족에 대한 그리움, 어린 자녀들 교육과 경제적인 어려움에 대한 걱정, 아내에 대한 미안함이 다산 정약용 선생에게 늘 있었을 것이다. 실제로도 자녀와 아내에 대한 편지에서 그 내용이 드러난다. 고(古) 김대중 대통령의 경우에도, 몇 차례의 살해 위협, 실제로 신체적, 물리적 공격을 당하고 위협받은 사례, 불확실성, 가족에게까지 피해가 가지 않을까 하는 걱정이 늘 있었을 것이다. 고(古) 김대중 대통령은 갖가지 고문, 고통, 외로움, 억울함을 이겨내고 훗날 대통령이 되었고 노벨평화상도 수상했다. 정치적인 평가를 넘어서 총 18년 감옥 생활을 견뎌내고 대기만성형으로 자신의 꿈을 이룬 것이다. 고(古) 신영복 성공회대학교 교수도 20년의 감옥 생활 중에 미래에 대한 막연함, 부모님에 대한 걱정과 죄송함, 무기수로서 자신의 인생에 대한 회한, 감방 동료들과 적응하고 같이 잘 생활하기 어려운 초기 몇 년의 시간 등 여러 가지 어려운 감정이 있었다고 그분의 저서를 통해 보고 알게 되었다.

세 분 모두 결국은 그 길고 긴 상처, 아픔과 불안, 걱정의 시간을 버텨냈으며, 그 원동력에는 독서와 글쓰기가 있었다. 40대 중후반부터 집중 독서를 시작한 나도 독서가 주는 행복감에 깊이 공감한다. 이렇게 세상살이에서 찾지 못한 답, 누구에게 묻기 어려웠던 것의 질문에 대한 해답을 책에서 찾곤 한다. 독서는 현인, 선인들과 나누는 소중한 대화의 시간이다.

나의 삶과 이 글을 쓰기까지

'나는 참 행복하다'와 '그런데 나는 참 불운한 일이 많이 찾아온다'는 두 가지 감정이 공존하는 인생을 약 50년간 살아왔다. 한편으로는 나름 평범하고 무난한 가정에 태어남에 감사했으며, 부모나 형제자매들로부터 사랑도 충분히 받았다. 그러나 결혼 후 4년 만에 가진 아이가 태어나서 몇 주 만에 하늘나라로 갔고, 그 해에 갑자기 아버지도 돌아가셨다. 연달아 아내도 많이 아팠다. 첫아이를 떠나보낸 후유증으로 9년간의 불임부부가 되어 결혼 14년차까지도 아이가 없었다. 그때 '나는 참 불운한 일이 많이 있어 왔다'고 느꼈다. 그래도 그 이후 다양한 국가들을 다니고 경험하면서 행복하다고 느끼기도 했다.

해외 약 50개 도시를 출장이나 여행으로 다녀봤다. 싱가포르, 요르단, 아랍에미리트, 레바논에서 약 9년간 주재원으로 근무도 해 봤다. 소망했는데 가정의 경제적인 형편상 미뤄왔던 경영대학원 주간 과정도 싱가포르에서 마쳤다. 영어 논문이 힘들었지만, 스스로 꿈을 만들어 간다는 느낌이 좋았다. 몇 년 후 박사 과정도 사비로 마쳤다. 역시 영어 논문을 쓰느라 애를 먹었다. 논문에 들어가는 질문지의 통계 작성시 30여 개국의 외국인 포함한 지인들에게 보냈다. 약 25개 국가의 답변을 받을 수 있었다. 그렇게 일과 공부, 다양한 나라의 사람들과 소통하면서 학력, 집안, 재산, 그리고 가족들로 인한 상처와 열등감을 조금씩 해소해 나간 것 같다. 결혼 14년차에 말 그대로 '하늘의 선물'과도 같이 아이가 생겼다. 앞서 말했던 감옥에서 18~20년을 보낸 분들과 비교하기는 부족하지만, 나 역시 상처와 아픔, 고통의 시간을 보냈다. 그러나 '사필귀정(事必歸正)',

또는 솔로몬 왕의 '이 또한 지나가리라(This too shall pass)', 고(古) 넬슨 만델라 대통령의 "인생의 가장 큰 영광은 결코 넘어지지 않는 데 있는 것이 아니라 넘어질 때마다 일어서는 데 있다"라는 말처럼 그 시간은 지나가기 마련이었다.

2024년 현재 전 세계 인구는 약 81억 명이다. 재레드 다이아몬드 '총균쇠'에 따르면 나보다 훨씬 더 열악한 국가, 환경에서 태어나서 살아가는 인구가 대략 잡아도 최소 약 70억 명은 된다. 불과 80~100년 이전까지만 해도 수많은 선조, 동포들이 전쟁과 일제 식민지, 가난함과 배고픔, 이별, 경제적 고통으로 좋은 세상을 못 보고 떠나갔다. 그에 대비해서 나의 고민은 힘들어도 극복할 수 있는 수준이다. 혼자 숨기고 웅크리고 있지만 않으면 말이다. 이 책은 부끄럽고 개인적인 성장 과정과 상처, 감정이 포함되어 있다. 어쩌면 어떤 것은 죽을 때까지 혼자만 알고 싶었던 것도 있다. 누구에게나 고충과 비밀, 상처가 있고 말을 하느냐 안 하느냐 차이일 뿐이다. 신이 아닌 이상 인간은 모두 불완전하다. 그것을 인정한다. 오늘도 건강과 행복을 주시는 하나님께 감사하다. 허점 많은 글이지만 이 땅에서 오늘도 어딘가 상처받고 절망한 분, 혹은 고통과 아픔 속에서 허덕이며 그 터널에서 나오고 싶은 분과 이 이야기를 나누려 한다. 모두가 힘내시고 건승하기를 기원하는 마음에서 이 책을 쓰게 되었다.

Story 2.
요즘 드는 생각들

평택에서의 생활

회사 일로 해외에 나가 있을 때면 종종 내가 나고 자라면서 보았던 모습들이 그리워지곤 했다. 나이를 먹을수록 고향이 생각난다는 혹자의 말을 조금 더 이해했다. 넓은 시골 집에서 온갖 동식물을 기르던 아버지는 2004년 눈이 많이 내리던 어느 겨울날에 돌아가셨다. 그 후로 어머니는 본인이 어릴 때 살던 동네의 시내 아파트로 이주하셨기 때문에 이제 나의 어릴 적 고향집의 그리운 모습은 더 이상 볼 수 없었다. 그래도 해외 주재원 생활을 마치고 귀임할 때 아내를 잘 설득해서 고향 지척거리인 경기도 평택으로 이주했다. 고향인 경기도 안성이 가까워서 언제든지 마음을 먹으면 약 20~30분 만에 도착할 수 있고 어머니도 만날 수 있기 때문이었다. 서울 출신이고 도시를 좋아하는 아내와 그나마 타협한 곳이 평택이었다. 내가 서울에서의 생활을 우선순위에서 조금 뒤로 두기만 하면, 평택은 웬만한 편의시설이 다 있고 생활함에 큰 불편이 없기 때문에 괜찮았다. 귀임할 당시 한창 아파트를 짓고 있던 용이동에 자리를 잡았다. 걷기를 좋아하기 때문에 몇 개의 공원으로 둘러싸인 곳으로 거주할 곳을 정했다. 덕분에 지금도 아침저녁으로 시간 날 때마다 무조건 걷고 즐기며 이곳에서의 생활에 만족하고 있다.

어린 시절의 제비 생각

"제비는 10월 초가 되면 강남으로 떠날 채비를 한다. 수컷들이 암컷보다 먼저 도착하여 자기 터를 마련한다. 실제 제비 수컷은 가정적이고 헌신적이다. 제비는 일부일처제를 지키는 모범적인 새다."(최재천, "생명이 있는 것은 다 아름답다", 효형출판 (2001).) 동물학자이자 서울대학교 생명과학부 교수인 저자의 글을 통해 제비에 대한 선입견이 사라졌다. 그 전까지는 '제비족'이라는 단어로 인해서 제비를 바람기가 많은 새로 오해했다. 오히려 연구에 의하면 제비보다는 원앙의 수컷이 호시탐탐 다른 암컷을 노린다고 하니, 과거에 전통 혼례를 지낼 때 원앙 한쌍을 놓았던 것이 의아한 일이다. 80년대 초, 어릴 적에 살던 경기 안성 집에 매년 제비가 와서 집을 짓곤 했다. 진흙과 지푸라기를 하나씩 입으로 물고 와서 부지런히 집을 짓는 것이다.

최재천 교수 책에 따르면 처음에 온 제비가 수컷일 확률이 크다. 먼저 와서 집을 짓고 지지배배 암컷을 부르는 것이다. 그리고 얼마 후에 살펴보면 갓 태어난 새끼 제비가 입을 쭉 벌리고 밥 달라고 울고 있었다. 그러면 어미가 벌레를 잡아서 새끼들 입에 넣어주었다. 새끼 몇 마리는 먹이 받아먹는 순서로 경쟁하며 "저 먼저 주세요. 배고파요." 그렇게 울고 있었다. 요즘은 시대가 바뀌어 맞벌이를 많이 하지만, 남자로서 처자식을 부양하고 의식주와 학원비 등을 벌기 위해 애쓰는 모습이 마치 수컷 제비와도 유사하다는 생각이 들었다. 때가 되면 강남 갔던 제비가 돌아오기를 기다리며 설렘을 느낀다. 그 제비가 오가는 길에 비바람이나 무더위, 추위, 거친 날씨 속에서 무사하길 바란다. 또한 배고픔과 어려움에도 잘 버텨내고, 다시 돌아와서 제비 집을 잘 만들어주기를 소망하곤 했었다.

추석 명절을 마치며

어느새 4050세대가 되어 철없이 함께 뛰놀던 동년배들도 이젠 한 두 명씩 직장을 그만두곤 하고, 조카들이 인사를 오거나 결혼을 하는 일도 다반사다. 이번 추석을 앞두고는 처가 조카가 결혼을 했다. 홍콩에서 학교를 나온 처형 딸과 미국에서 졸업한 26세 청년이 한국에 와서 조부모, 친인척과 일부 지인들을 초대해서 전통 혼례를 맺었다. 어제는 친누나 아들인 30대 초반 조카가 결혼할 여성을 데리고 왔다. 할머니, 삼촌, 외숙모에게 인사한다고 온 것이다. 선남선녀가 따로 없었다. 어찌 그리 잘 어울리던지, 참 좋아 보였다. 어렵게 서울에 작은 공간을 마련해서 출퇴근을 잠실과 김포로 각자 한다고 했다. 한편 진작에 결혼한 30대 중후반 여자 조카는 5살 딸과 할머니 댁에 인사를 왔다. 귀엽고 깜찍하던 조카가 이미 30대 후반이 되었고, 본인과 닮은 딸이 어린이집에 다닌다.

세월이 화살과 같이 빠르다. 셋째 누이와 막내 매형은 올해 회갑 가족 모임을 한다고 전해왔다. 인생의 덧없음, 시간의 빠름을 느낀다. 오늘 하루도 평안함 가운데서 작은 일에 소중함을 느껴 보려 한다. 전보다는 시원한 새벽 바람을 체험하며 기분 좋게 시작해 본다.

일개미를 보며 나의 모습을 발견하다

"개미는 한 마리씩 놓고 보면 평균 5밀리그램밖에 안 되는 미물이지만 수적으로 워낙 우세한 동물이라 현재 지구상에 살고 있는 모든 개미들의 전체 중량은 전 인류의 체중과 맞먹는다."(최재천, "생명이 있는 것은 다 아름답다", 효형출판 (2001).) 주변에서 걷다가 흔히 볼 수 있는 작은 개미가 전 세계적으로 합치면 전 인류의 체중과 비슷하다는 사실이 놀랍다. 아이가 어릴 때, 공원에서 함께 일개미들이 줄지어 뭔가 열심히 나르는 것을 가끔 지켜보곤 했다. 인간이 보기에는 작은 생물이지만 그들도 열심히 뭔가를 계속 시도한다. 일개미들을 보고 있으면 마치 20년간 바쁘게 앞만 보고 지내온 내 자신을 보는 것 같기도 하다.

10년, 20년의 시간이 이렇게 빠르게 가는 줄 예전에는 몰랐다. 나이가 들면서 시간의 속도로 점점 가속도가 붙어서 지나간다는 것을 이제는 느낀다. 기억력은 감퇴하고 속도는 빠르게 느껴지는, 어느덧 50대가 되었다. 아직 마음은 팔팔한 청춘인데 이제 회사에는 선배보다 후배들이 더 많다. 초등학교, 중학교 때 함께 놀던 고향의 친구들과 학교 운동장 등이 가끔 생각난다. 한가롭고 여유로운 시골의 풍경과 여러 가지 문제로 고민하던 고교 시절도 생각난다.

직장에만 들어가면 일단 모든 것이 해결될 것만 같았던 IMF 시절의 대학 졸업 시즌도 추억으로 남아 있다. 그 사이에 직장 생활을 하면서 결혼을 하고, 자녀도 생겼다. 이런저런 어렵고 힘든 상황을 넘겨오면서 이제 가끔 몸이 아프거나 불편한 곳도 있지만, 아직은 멀쩡하다. 머리는 좀 하얗게 변했지만 염색하면 봐 줄 만하다. 배는 약간 나왔지만 다이어트하니 아직 볼 만하다. 기억력은 감퇴했지만 아직 심하게 물건, 기억을 잃어버릴 단계는 아니다. 감사할 노릇이다. 꼰대 테스트에서 꼰대가 아닌 것으로 나와서 기뻤다. 그래도 회사에서 지내다 보니 젊은 세대와 격차를 스스로 느끼지만 숨기려 하고 젊게 보이려 한다.

20년 이상 회사에서 지낸 시간이 있기 때문에 꼰대 근성, 옛날 사람의 모습이 젊은 누군가에게는 보일 것이라 생각하며 들키지 않으려 노력하고 있다. 젊은 시절에는 세상 물정 모르고 스스로 잘난 맛에 살려 한 적도 잠시나마 있었던 것 같다. 직장 생활을 하며 원하건 원하지 않건 여러 국적의 수많은 사람들을 만나고 대화했다. 그러면서 나는 참 평범한 사람이라는 것을 알게 되었다. 그저 50대까지 이렇게 건강하게 살아 있음이 천운이다. 수백, 수천 번 차를 타고 걷고 비행기를 타고 이동했음에도 현재 큰 사고 없이 건강에 이상 없이 살고 있는 것도 가만 보니 큰 축복이다. 물론 여전히 돈 문제, 직장 생활, 인간관계, 말과 행동의 어려움 등 하루하루가 만만하지 않다. 그럼에도 의료 기술 발달, 현대 문명의 다양한 혜택을 누리면서 50세가 된 내 삶은 거저 받은 무료 혜택이라는 생각이 든다. 오늘 비록 어렵고 쪼들리고 인간관계에 어려워도 참는다. 세상에 공짜란 없다.

50대 초 직장인으로서의 감회

어느새 시간이 흘러 이 나이가 되었다는 것이 믿기지 않는다. 새로운 감회가 드는 가운데 특히 내 삶의 많은 비중을 차지한 '직장인'으로서의 감회를 기록해 본다. 약 25년간 직장 생활을 하면서 다양한 곳에서 일해 봤다. 나는 주로 정체되기보다는 도전하자는 식이었다. 많은 도전이 있었던 만큼 역시 다양한 실패, 혹은 경험들이 있었다. IMF 당시 대기업 취업길이 막혀 학생일 때 외국과 해외 영업에 관심이 있던 나는 98년 말 무역회사에 취업했다. 몇 년간 사회 초년생으로서 해외 사업의 경력을 쌓았다. 그 후 국내 대기업 전자 회사에 운 좋게 들어가서 해외 영업을 했다. 국내외에서 근무하며 부족한 배움이나 경험치에 비해 운 좋게 잘 지냈다. 능력 있는 상사와 좋은 회사의 제품, 브랜드의 울타리 안에서 국내외 영업, 마케팅은 용이했다. 몇 년간은 제품의 시장 수요 성장기였기 때문에 타이밍도 좋았다.

회사 생활을 시작하고 나서 세계 50여개 도시를 방문했고 분쟁, 전쟁 중인 국가의 출장 금지도 경험했다. 30개국 이상의 사람들과 사업이나 다른 주제의 대화를 해 본 것 같다. 싱가포르, 아랍에미리트(U.A.E), 요르단, 레바논 등 몇 개 국가에서 약 9년을 거주했다. 외국인들과 10년 이상 같이 일하며 한때는 괜찮은 조건의 대우를 받아 보기도 했다. 회사 업무가 낯설고 서툴던 시절, 소수 전략가들이 설정한 방향, 회사의 목표를 쫓아간 적이 많다. 국내외 고객사 관리, 매출 담당을 하면서 일부 외국

고객들에게 긍정의 피드백을 받기도 했다. 많은 경우 회사일이 대응하기에 너무 다양하고 어렵다고 느꼈다. 물론 가끔은 성취감을 느끼고 재미있다고 생각도 했다. 특히 고객, 직장 상사, 회사 내 업무 관련자의 인정, 감사의 표시가 있을 경우 더 그랬다.

직장 생활 10년차쯤 되었을 때는, 주변 선배들의 모습이 미래 내 모습인 것을 알았다. 일을 배우면서 부서의 고참이나 상사에게 꾸중을 듣기도 했고, 혼나면서 배워도 좋았던 적이 많다. 중간 관리자가 되면서는 간부와 아래 직원들 사이에서 필요한 허리 역할의 중요성도 조금 이해했다. 대리, 과장 시절에는 간혹 프로젝트에서 성공 체험을 해 보기도 했다. 계속 변화하는 환경에서 상황을 이해하고 핵심을 찾아서 대응하는 방법을 배워갔다. 마케팅, 영업 업계에서 시장의 변화를 읽고 대응하는 것의 중요성을 알아갔다. 직장 생활 15년차 이후에는 자기 계발도 병행하기 시작했다. 2011년, 30대 후반에 가족의 병환과 전자회사 해외 주재원 임기 종료로 본사 귀임을 앞둔 시기였다. 그동안의 바쁜 직장 생활을 하고 나서 찾아온 번아웃(Burnout)으로 나와 가족에게 휴식의 시간, 자기 계발의 시간이 필요했다. 꿈꾸기만 했던 것을 아예 마음을 먹고 투자하기로 했었다. 영어권 국가에 거주하면서, 현지 경영대학원 과정도 등록해서 자비로 주간반에 출석하고 논문까지 마쳤다. 30대 중후반에서 40대까지는 조직장으로 10여년을 근무했다. 품위 있고 다양한 분들이 모이는 좋은 자리에 가끔 참석도 해 봤다. 여러 사람 앞에서, 외국인들에게 발표도 해 보았다. 재정적인 안정감은 좋은데, 연봉이 높은 곳은 근무강도가 세기도 했다. 알아주는 회사를 다닐 때는 가족, 지인이 자랑스러워하거나 부러워하기도 했다.

누구나 아는 회사를 다닐 때는 어깨에 문득 힘이 들어간 때도 있었던 것 같다. 한때는 이처럼 좋은 시절, 잘 나가는 시절이 계속되는 줄 알았다. 아니 그보다 어쩌면 앞으로도 꾸준히 더 잘될 것이라 막연하게 믿고 있었는지도 모른다. 20대의 꿈을 40대 초중반에 이루었다. 소박한 꿈이었기에 일찍 이룬 것이다. 30-40대 초중반까지는 바쁘게 일하면서 시간이 금방 지나갔다. 일이 그저 돈벌이로 여겨지고 새롭게 배울 것이 없다 싶을 때는 해외 영업 분야의 다른 계통이나 회사를 다시 도전하곤 했다. 인생은 돈도 중요하겠지만, 무엇보다 끊임없는 배움의 연속이라는 생각이 마음 속에 있었기 때문이다. 회사 이름, 크기보다는 업무의 도전성, 배울 점 등을 고려하려 했다. 그래서 국내 유수의 회사들을 때로는 자진해서 퇴사한 것이다. 그런 나를 주위에서는 약간 딱하게 보거나 상식적이지 않다고 생각했을 수도 있을 것이다.

고(古) 구본형 선생의 저서에서 오래전 회사 IBM을 그만두었을 당시를 회상했던 대목이 생각난다. 선생은 작가이자 컨설턴트로, 한국 IBM 20년 근무 출신이며 구본형 변화경영연구소를 만들었고 경영, 기업혁신 컨설팅을 하셨다. 또한 삼성SDS를 포함한 기업체의 e러닝 최고 강사이자 작가로도 유명한 분이다. 구본형, "그대, 스스로를 고용하라", 김영사, (2005). 구본형, "익숙한 것과의 결별", 을유문화사, (2007). "마흔세 살에 다시 시작하다", 휴머니스트, (2007). 등을 포함한 다양한 저술 활동을 하셨다. 또한 고(古) 구본형 선생이 말씀한 것 중에 필자 역시 공감한 것이 있다. "삶을 마감할 때, 내가 남긴 것이 '시멘트로 된 아파트 하나'인 것이 너무 허무하다." 그리고 "책을 읽는 것은 저자와 함께하는 여행이다."라는 말씀이다. 또한, 다양한 저서와 강연에서 말씀하신 인간 본연이 느끼는 불안함, 퇴사 후의 막연함과 수입이 안정되기 전에 느끼는 불안감 등에 대한 이야기들을 읽으면서 공감을 하기도 했다. 그분은 인생을 살다가 떠날 때 뭔가 창조적, 유의미한 것을 남기고자 계속 노력하셨고, 그렇기에 끊임없이 변화하며 새로운 길을 가려고 했던 것이다.

다산 정약용 선생, 도산 안창호 선생, 독립운동가 서정주 시인, 안중근 의사 같은 분들의 삶을 책을 통해 배운다. 어떤 분은 20대 후반의 나이에 나라를 위해 큰일을 도모하다 순직했다. 어떤 분은 많은 저술을 하고 고난의 시간을 홀로 극복했다. 또 다른 분은 자신의 지적 능력, 사격 기술을 활용하여 국가를 지키거나 찾으려 했다. 30대 초반에 처자식을 두고 국가를 위해 싸우다 순직하게 된다. 그들이 소중하게 만들어 준 우리나라에 나는 오늘을 살고 있다. 유관순 열사의 순직을 포함하여 10, 20, 30대에 돌아가신 분들의 이야기에 가슴이 늘 먹먹하다. 그분들이 뿌려준 씨앗, 소중한 기회의 땅 대한민국에 살고 있다.

세월이 흘러 난 이미 그 몇 분의 위인들께서 살았던 짧은 시간을 합친 50년을 살았다. 그분들과 달리 대부분 나 자신을 위해 산 것 같아 조금은 부끄럽다. 물론 살아오면서 다른 것을 충분히 돌아볼 겨를이 없기도 했다. 그저 내 역할에 충실하고 나라의 법, 질서를 존중하려 했으며 경제적으로 순기능을 하려 했다. 내 소임인 국내외 영업, 마케팅에서 대한민국의 제품, 이념, 가치를 세계에 알리고 상품화하는 데도 일조하려 했다. 그럼에도 불구하고 그 훌륭한 위인들 생각을 하면, 늘 부족함을 느낀다. 죄송함과 감사함이 공존한다. 때때로 내가 겪는 경제 문제, 직장 생활의 어려움, 시련과 고통, 가족과 관련된 어려움, 인간관계의 힘든 점이 내 인생의 전체 이슈처럼 느껴질 때도 있다. 그럴 때는 한걸음 떨어져 멀리서 보려 한다.

반복 독서 통한 배움

어제 학생인 아들과 대화하다가 학창 시절을 떠올렸다. 나보다 아마 몇 년은 빨리 사춘기가 온 것 같다. 과거 시절보다 인터넷, 핸드폰 사용으로 정보와 문화의 전파 속도가 빠른 게 확연하다. 아직은 잘 안 되지만, 아들에게도 조금 후에는 고전문학을 꼭 읽어보라고 하고 싶다. 삼성 창업주인 고(古) 이병철 회장이 생전에 자녀에게 '공자' 포함해서 몇 권의 고전을 권했다고 한다. 고전은 어떤 책보다도 삶의 철학과 진리, 나의 근본을 깨닫고 중심을 잡게 해 준다. 나 역시 틈날 때마다 철학과 고전을 다시 읽으려 한다.

책을 일독(一讀)하면 시간이 좀 지나면 기억이 가물가물하다. 이독(二讀)을 하고 정리를 하면 좀 더 내 것이 된다. 삼독(三讀)을 하고 명상, 사색과 나의 것으로 다시 만들어보려 한다. 세종대왕이 몇백 회 독서를 하신 분이기에 그 위력을 안다. 정약용 선생이 초서독서로 이미 실행하셨기에 그것이 대단하다는 것을 배운다. 고(古) 신영복 선생도 삼독(三讀)의 중요성을 이야기하셨다. 헤르만 헤세는 명작 '데미안'으로 유명하고 1946년 노벨문학상을 수상했다. 그는 독서를 통해 책과 나 자신과의 특별한 감성과 경험을 느낀다고 했다. 책과의 각각의 추억이 있고 향내가 있다고 했다. 좋아하는 책을 책장에 꽂아 놓고 자주 빼 보는 것이 큰 기쁨이라는 것을 그분 책에서 다시금 느끼게 되었다.

2024년 우리나라 한강 작가의 노벨문학상 수상이 대단하다. 나는 스웨덴 스톡홀름에 두세 차례 방문한 적이 있다. 노벨기념관도 방문했었다. 독서를 사랑하는 사람이자 국민으로서 기쁜 일이다. 살아 계셨다면 세종대왕, 이어령 작가와 신영복 교수 모두 정말 축하해 주셨을 것이다.

Story 3.
상처의 발원

자연과 함께한 어린 시절

1970년대 초반 태생으로 경기도 안성 시골에서 자연 친화적인 삶과 함께 자랐다. 집 앞에는 텃밭이 있었고 상추, 마늘, 오이, 배추 등 채소를 키웠다. 여느 시골집처럼 마당에서 개를 키웠고 또 황소 몇 마리와 염소, 토끼를 기르기도 했다. 동네에 동갑내기 친구들이 남녀 포함 열 명이 있었던 것으로 기억한다. 학교를 마치면 친구들과 축구를 많이 했고 계절에 따라 쥐불놀이, 연날리기, 아이스하키, 눈썰매 등 놀이를 하며 보냈다. 깡통차기, 구슬 놀이, 딱지치기, 숨바꼭질, 말타기 등도 했다. 비교적 도심에 사는 친구들은 오락실을 가기도 했지만 나는 늘 약 4~5km 떨어진 집까지 오기 바빴다. 또, 조용한 성격 탓에 그리 활달하게 도심에 남아 놀지 못했던 것 같다. 대신 자연스럽게 집에서 키웠던 동물들과 친해졌다. 아버지도 늘 동식물과 가깝게 지내셨고 소, 돼지, 염소, 강아지, 고양이 등 웬만한 동물은 정말 똑같을 정도로 소리를 따라 내시곤 했다.

요즘도 가끔 시골 쪽 우사를 지나가면 냄새가 난다. 어린 시절에 몇 년간 목장을 하면서 젖소를 몇십 마리 기른 적이 있기 때문에 축사 냄새에 대해서 상대적으로 지금도 관대하다. 아버지는 1990년 즈음 300평으로 넓은 집터에 건축업자를 사서 빨간 벽돌집을 지으셨고 몇십 평의 우사도 마련했다. 전보다 숫자는 줄었지만 내가 하교 후에 먹이를 주고 눈을 마주칠 황소나 송아지가 늘 있는 것이 좋았다. 집 울타리 주변으로는 사과, 감, 앵두, 포도, 대추나무가 자랐다. 어릴 때는 내가 유난히 자연 친화적인 삶을 살고 있었다는 걸 몰랐고 남들도 다 그렇게 사는 줄로만 알았다.

좋아하는 작가의 글들이 경기도 안성 소재(금광면)에 머물 때 써진 것을 알고 더 좋아진 적이 있다. 장석주, "단순한 것이 아름답다", 문학세계사, (2016). "우리를 행복하게 하는 것들", 을유문화사, (2019) 등이다. 그분의 책을 17권 읽었다. 안성 시골을 떠나 도심 속에서 20년 이상 직장생활을 한 나로서는 그곳에서 쓴 그분의 글이 때로 기분 전환이 되었다. 책에서 전원에 혼자 묻혀 단순한 생활을 하는 장면, 개 두 마리를 키운 것, 산짐승에게 개가 공격당하고 가슴이 아팠던 내용, 서정적인 금광호수 인근의 모습 등이 모두 나의 고향을 떠올리게 했다. 어쨌든 지나고 보니 그리운 장면도 많다.

장석주 작가의 책들을 읽다 보면, 헬렌 니어링, 스코트 니어링, "조화로운 삶", 보리출판사, (2000, 류시화 번역)의 니어링 가족의 미국 생활을 연상하게 된다. 이들은 도심 생활을 청산하고 깊은 산속에 들어가서 단순하게 산다. 자립 자족, 물물교환의 생활방식으로 자리잡는다. 도심보다 수입은 적어도 더 풍요하고 가족관계도 좋다. 건강도 더 좋아진다. 무엇보다 정신적으로 건강하고 행복한 삶을 산다. 자연 친화적인 모습이었다. 장석주 작가의 경기도 안성 생활과 저서에서도 그러한 면이 보였다.

방외지사로 유명한 조용헌 작가가 전국의 많은 사찰과 산들을 다닌 이야기를 읽을 때면, 고향의 서운산, 비룡산 등 생각이 난다. 도심생활, 빡빡한 회사 생활을 벗어난 방외지사들의 이야기, 소나무 숲 속에 사는 공무원 출신의 사연, 그곳을 사람들이 자주 방문하여 명소가 된 이야기 등 기억에 남는다. 다른 사람과 다르게 살고자 선택한 삶들이 인상 깊다. 용기와 결단이 대단해 보인다. 소비수준을 낮추고 소박하게 사는 분들 이야기가 새롭다. 자신을 찾아가는, 어릴 적 꿈을 다시 어른이 되어 좇아가는 모습도 좋다. 세상에서 갖가지 경쟁 속에서 살다가 다시 고향, 어릴 적 마음으로 되돌아온 것이다. 혹은 자신만의 올곧은 시간으로 인생을 살아가는 다른 모습이다. 조용헌, "죽기 전에 살고 싶은 대로 한번 살아보자", 알에이치코리아(2015). "조용헌의 인생독법", 불광출판사(2018). 이와 같은 저서들을 통해서 생각의 틀을 바꾸고 확장했다. 전혀 다른 삶을 사는 분들의 이야기가 와 닿았다. 인생에는 짜인 정답이 있지 않다고 생각을 바꾸는 데 영향을 미쳤다. 또한 다소 찌들고 막혔던 나의 생각을 전환하는 계기가 되었다.

알코올 중독인 아버지와 사춘기 시절의 상처

다시 안성시 계동에서 20년간 보낸 어린 시절로 돌아가자면, 그때는 아버지의 음주와 집안의 소동이 잦았다. 젊은 날에는 아버지가 누구보다 성실히 일하셨고 부지런하셨다고 하지만 나는 아버지가 다소 노쇠하신 50대 중후반 이후를 더 기억한다. 가정 문제와 사춘기의 민감한 감정이 겹친 질풍노도의 시기에 우리 아버지는 동네에서 약주를 많이 드시는 걸로 유명했다. 큰 동네가 아니었기에 친구들도 보고 들었을 텐데 그때는 그게 참 부끄러웠다. 당시 나에게는 아버지가 유일한 열등감과 창피함의 이유였다.

미국의 학자이자 심리 전문가인 브레네 브라운(Brene Brown)은 연구에서 인간의 취약점은 '용기'를 측정하는 기준이며, 용기 있는 사람은 자신의 약점도 솔직하고 스스럼없이 보여줄 수 있다고 했다. 이미 20년 전에 돌아가신 아버지의 30여 년 전의 이야기를 적는 것에도 나에게는 용기가 필요했다. 일제 식민지 시절과 6.25전쟁을 겪어 내신 아버지 세대에 대한 존경과 회한이 있다. 또한 전쟁 후 엉망이 된 상황에서 '우리도 한번 잘 살아 보세'의 새마을 운동과 군부 시절 등 어수선한 시절에 버티고 살아낸 분들에 대한 애틋함도 있다. 당장 먹고살기 위해 닥치는 대로 일하신 우리 선조들의 노고와 희생이 대단하시다고 생각한다. 50대가 되어서야 이런 생각을 하게 되었지만, 식견이 좁고 사춘기를 보내던 당시 나는 그저 '내 코가 석자였다.' 되돌아보면 사춘기는 인생에서 지극히 일부인 시간이지만, 그때는 마냥 심각하게 느껴졌다. 어른이 되고 보니 아버지 세대의 큰 희생과 노고가 더 크게 보이고 감사하면서 한편으로는 측은하다.

청소년기에 느꼈던 원망과 창피는 없어졌다. 내가 그 시대에 대신 살았다면, 나 역시 자신을 잘 지키고 더 좋은 아빠가 될 것이라고 100% 자신할 수 있을까? 내가 50세의 나이가 되고 보니, 가장의 무게와 책임감을 조금은 이해하며 아버지의 명예를 지켜주고 싶어졌다. 아버지는 이웃들에게 "약주만 안 드시면, 참 인자하고 성실하신 좋은 어른이다"라는 평판을 받았다. 누구에게나 친절하셨기 때문이고 다툼도 거의 없으셨기 때문이다. 적어도 집 밖에서는 더 그랬던 것 같다. 평화롭게 살고 싶으셨으리라. 어쩌면 어린 시절부터 부모 없이 힘겨운 삶을 살면서, 지켜줄 누군가가 없었기에 더 조심했을 수도 있으리라 생각이 된다.

아버지는 나름 자수성가하셨다. 경주(慶州) 최씨인 아버지는 어릴 때 부모님을 일찍 여의고 아는 분이 키워 주셨다. 감사한 일이지만 그분의 친자녀는 학교 교육을 받게 했으나 아버지는 학교에 보내지 않고 일을 시켰다고 한다. 안성시 서운면에 서운산이라는 곳이 있는데, 어린 아버지는 그 산에서 나무를 해서 장내에 파셨다고 한다. 어깨너머로 주인집 아들이 글을 배울 때 아버지도 배우셨다고 한다. 아버지는 사실 우리보다 더 총명하셨고 홀로 글도 다 깨우치시고 장구, 노래도 곧잘 하셨다. 무엇보다 아버지는 정직하셨고 자상하셨으며, 누구에게나 친절했고 무척이나 성실했다. 자녀인 우리도 그 영향을 직간접적으로 받았을 것이다. 적어도 나와 우리 남매들의 기억으로는 아버지가 50대 중후반에 약주를 많이 드시기 전까지는 더욱이 그러했다.

쇼펜하우어의 이야기대로, 인생에서는 통제 가능한 부분과 불가능한 부분이 있다. 아버지의 태생이나 어린 시절은 내가 바꾸기 어려운 '통제할 수 없는 영역'이었다. 재레드 다이아몬드, "총균쇠", 김영사(2023)에서의 내용대로, "어떤 국가가 부유하고 가난한가? 또한 어디에서 태어났는가? 자신의 뜻과 계획에 무관하게, 어떤 상황에서 태어나 있는가?" 이러한 것이 아버지에게도 영향을 미친 것이다. 인물도 좋으시고 몸도 좋으신 아버지는 그렇게 어린 시절을 어렵게 지내셨다. 그 시절 대부분 가난하고 어려웠지만, 특히 혼자 자란 아버지에게는 교육 기회도 없었기에 독학을 한 것이다. 작가가 50세가 되어서 아버지 고향인 서운산 인근에 다시 가보고 그려 보니, 그 상황이 더 이해가 갔다.

고리타분한 모범생 스타일이었던 중학교 3학년 때부터 동네 술집 근방에서 만취한 아버지를 자주 모시러 가기 시작했다. 어머니와 함께 차가 지나는 길을 오가며 술 취한 아버지를 모시고 왔다. 처음에는 농한기의 여유로움으로 인해 그저 한두 잔 드시는 거라고 생각했다. 그런데 나중에는 술이 술을 먹는다는 표현이 이해가 되었다. 고교 1-2학년 때까지도 아버지를 모시러 학교 끝나고 동네 술집에 자주 갔었다. 그 당시 남들보다 늦게 사춘기가 와서 가뜩이나 예민한 시기였다. 그 상황에서 아버지의 잦은 음주와 어머니와의 다툼을 보아야만 했다. 학교에서는 아무 문제가 없는 집안의 모범생 스타일로 보였겠지만 사실 늘 마음이 불안했다.

고교시절 나는 친구에게도 집안 이야기는 안 했다. 자존심이 허락하지 못했던 것 같다. 50대가 된 지금에야 비로소 이 글을 통해서 친구들에게 가정사를 고백한다. 야간자율학습이 끝나면 친구는 공무원이신 아버지가 늘 차로 태우러 왔고 그게 부러웠다. 집에 가면 또 아버지가 들어오기는 하셨을까, 모시러 가야 하지 않나, 어머니와 밤에 또 다투지 않을까 염려되기만 했다. 이런저런 이유로 고교1학년부터 방황하기 시작했다. 수학 담당이자 담임이셨던 30대 초반의 K선생님은 자세한 사정을 모르고 "너는 왜 세상의 근심은 다 짊어지고 사는 얼굴이냐"고 가끔 말씀하셨다. 지금 같아서는 면담이라도 했겠지만 당시 남녀공학 반장도 하고, 학년 대표를 하기도 했던 나는 가정사를 이야기하는 게 어려웠다. 너무 자존심이 상하고 부끄러웠으며 아직까지도 가슴에 작은 상처로 남아있다.

시골 출신의 좌충우돌

대학교 때에는 전자회사의 해외사업부에 입사하는 것이 꿈이었다. 국내 전자회사의 쌍두마차에 들어가고 싶어서 남들처럼 외국어, 학점 등에 신경을 썼고 제대 후에는 도서관에 틀어박혀 영어, 일본어 공부를 했다. 97년도 대학 재학 중 토익 시험에서 나름 고득점을 얻었고, 아르바이트해서 모은 돈과 어머니의 도움으로 몇 년간 다닌 영어회화 학원도 수료했다. 당시 형편이 어려웠기 때문에 친구들처럼 미국, 캐나다 또는 호주로 어학연수는 못 갔다. 그렇지만 국내에서 외국인 친구들을 만나고 영어학원을 약 4년간 다녔으며, 늘 영어 테이프를 하루에 몇 시간이고 들으며 다녔다. 나중에 대기업에 들어가보니, 어학연수 다녀온 친구들과 큰 차이는 없었다. 다만 그때 외국 문화를 실제로 느껴보지 못했다는 열등감이 마음속에 한동안 있었다. 그래도 해외 영업을 하면서 출장을 다니고 외국인들과 친구가 되면서 점차 그 열등감은 줄어들었고, 약 15년간 해외 업무를 하고 세계 50여 개 도시를 다닌 후에는 그 일종의 자격지심이 완전히 없어졌다. 2012년도 싱가포르 근무 시 경영대학원을 다닌 것도 보상심리로 인한 것이었다. 늦더라도 스스로에게 투자하고 싶었다. 결국 인생은 스스로 만들어가는 것이니, 그것도 자존감 회복에 도움이 되었다. 물론 영어논문 작성은 어려웠지만 말이다.

군대 제대 후에는 형편이 넉넉하지 않았고 자립을 원했기에 휴학 기간 동안에는 몇 개월간 새벽에 신문, 우유 배달도 했고 낮에는 영어, 일본어 학원을 다녔다. 그때는 서울 영등포구 신대방동 일대에서 매일 배달을 했다. 주로 엘리베이터가 없는 구축 아파트에서 계단을 걸어서 배달을 하다 보니 6개월 후에 몸무게가 약 12kg이나 빠졌다. 잠을 못 자고 무리할 정도로 몸을 움직일 수밖에 없었으나 그런 경험을 한 것이 나중에는 큰 도움이 되기도 했다. 웬만한 회사 생활은 그보다 육체적으로는 수월했기 때문이다.

대학 졸업 후 내가 좋아하던 전자회사 L사 또는 S사 해외 영업부에 들어가고 싶었지만 좀처럼 입사 기회가 오지 않았다. IMF가 터지고 우선 무역회사와 일본 전자회사를 다니며 아시아 영어권, 일본 및 미주 바이어를 상대하는 일을 했다. 회사 생활이 처음이라 어설펐기 때문에 선배나 동료들의 방식을 참조하며 배우면서 일했다. 2000년대 초반부터는 여의도 전자회사 해외 영업부에서 근무했다. 당시 나는 약간 느린 말투로 몇 번 지적을 받곤 했다. 충청도에 가까운 경기도에서 자라 말투에서도 티가 났던 모양이다. 나에게 지적해주신 그분은 국내 주요대학교 출신에 미국에서 유명MBA도 마치고 나중에 대기업 임원이 되신 분이다. 본사에서 내가 싱가포르, 말레이시아를 담당할 때 말투뿐만 아니라 영어를 지적당하기도 했다. 그래도 나름 몇 년간 원어민 학원도 다니고 외국인 친구와 대화도 많이 했기 때문에 업무에 큰 불편 없이 영어를 했지만, 외교관, 교수 아버지를 두고 해외에서 자라 대학을 나온 동료나 네이티브 미국인보다 영어가 부족했다. 물론 악의는 없으셨을 테지만 그런 지적을 몇 번 받으니 자존심이 상하고 억울했다.

"가난하게 태어난 것은 어쩔 수 없지만, 가난하게 죽는 것은 자신의 잘못이다."라는 빌 게이츠(Bill Gates)의 명언이 있다. 나는 평범한 시골 집안에서 자랐고, 수재도 아니었다. 주요대학, 우수한 경영대학원 출신의 임원 후보였던 그분은 좋은 점도 많았다. 출장 시 항상 본사 담당자인 나에게 작은 선물도 사다 주셨고 같이 저녁 식사도 했으며, 격려도 해주셨다. 나중에 임원까지 한 그분은 당신께서 출세하고 잘하고 싶었던 만큼 본사 담당자의 경쟁력도 중요하다고 여겼을 것이다. 서울 출신인 본인의 기준으로 볼 때, 나의 말투나 영어, 마케팅 지식이 부족하다고 느꼈을 수 있다.

첫아이를 잃은 상처

2004년 말, 결혼 4년차에 첫아이가, 건강한 사내아이가 태어났다. 그런데 아이가 아파서 3주 만에 하늘나라로 떠나고 말았다. 몇 년 만에 찾아온 첫아이를 단 21일 동안만 안을 수 있었다. 출산 후 서울에 있는 어느 산후조리원에서의 일이었다. 하루에 몇 번만 산모에게 아이를 보여주었기 때문에 우리는 아이의 상태가 어떤지 잘 알지 못했다. 그런데 12월 크리스마스 연휴에 갑자기 아기의 건강이 안 좋아졌다는 이야기를 갑자기 했다. 연휴였기 때문에 문을 닫거나 최소 인원으로만 운영되던 병원들이 많아 앰뷸런스를 타고 뺑뺑이를 돌다가 겨우 서울대병원에 갔다. 하지만 아이 상태도 안 좋고 다소 늦은 탓에 마치 꿈과 같이 아이를 잃었다. 알고 보니 산후조리원에서 아이가 토를 여러 번 했음에도 불구하고 산모에게 이야기를 해주지 않은 채 그저 입 주위만 닦아내고 말았다고 했다. 그때 바로 알려주었으면, 어디가 안 좋은 건지 의사에게 진료를 받았으면 달라졌을 것이다.

예수님이 태어난 기쁜 날인 크리스마스가 우리에게는 아이를 떠나보낸 슬픈 날이 되었다. 아내와 나는 그때 큰 상처를 받았고 트라우마가 오랫동안 남아 있었다. 특히 산모인 아내는 말할 수 없이 위축되었다. 훗날 두 번째 아이를 갖기 전까지 10년 동안 우리는 불임 부부였다. 주위에서는 '왜 아이를 안 갖느냐'라는 남의 속도 모르는 이야기도 많이 했다. 어떤 말도, 질문도 위로가 되지 않았고 그중 유난히 표현이 거침없는 사람들과는 거리를 두게 되었다. 사람이 실패나 어려운 상황을 겪으면 자연스럽게 움츠러들거나, 상처를 더 받지 않으려고 피하게 된다는 것을 알게 되었다. 결국 지인들이 있는 한국을 당분간 떠나는 게 낫겠다는 생각까지 들었다. 아이를 그렇게 떠나보내게 한 산후조리원에 소송을 걸라는 주위의 일부 권고도 있었지만 문제를 삼지는 않았다. 괜히 아내에게 더 큰 상처를 만들어줄 것 같았기 때문이다. 첫째가 만약 살아있었더라면 지금쯤 군대 상병 이상 되었을 나이이다. 아직도 사진이 남아있는, 마음속에 묻은 첫째가 가끔 그립다. 같은 해 겨울에 돌아가신 아버지도 같이 생각난다. 두 사람 모두 나중에 하늘에서 만나리라 믿고 나는 오늘을 산다.

학력과 출신에 대한 열등감

재레드 다이아몬드, "총균쇠", 김영사, (2023)에서 언급한 대로, '우리는 어떤 국가, 어느 지역의 누구 집에서 태어났는가'에서부터 경제적인 것과 미래의 삶까지 지대한 영향을 받는다. 나는 어렸을 때 자연과 가까이 행복하게 자랐고 동네에서는 나름 총명한 축에 속했으며, 평범한 대학을 졸업했다고 생각했다. 다만 여의도에 와서 회사 생활을 하다 보니 나는 평균보다 못한 학력과 집안 출신이었다. 유수의 외국학교 출신, 네이티브 수준의 뛰어난 인원들이 늘 옆에 있었다. 부모님이 몇십 억 하는 아파트에 사는 동료들이 주변에 있었다. 강남 혹은 외국학교 출신인 동료들과 나는 사실 차이가 많이 나 보였다. 2003년 어느 날은 회사에서 평소와 같이 대화를 하던 중에 L차장님이 '최대리는 고개 숙이고 조용히 회사 다녀', '여기 잘난 애들 많아'라고 조언해주는 일이 있었다. 나름 나를 생각해서 해 준 말씀이겠지만 나는 그때 고맙기보다 어쩌면 마음의 상처를 받았다. 그곳에서 먼저 꿀리는 상태로 시작하는 느낌을 받았고 그 느낌은 몇 년간 지속되었다.

고(古) 김대중 대통령과 신영복 성공회대 교수에 관한 책들을 읽었다. 고(古) 김대중 대통령은 오랜 기간의 감옥 생활 동안 책 읽기로 다져진 분이었다. 또한 개인적으로 학력에 대한 열등감을 극복하고자 더욱 독서를 한 것으로 알고 있다. 결핍이 열정적 공부와 독서 추진의 원동력이 된 셈이다. 정치적인 도전과 노벨평화상 수상을 떠나서 그분이 감옥에서 독서에 빠진 점, 계속 꾸준하게 노력하시는 점이 인상적이었다. 참으로 대단한 분이라고 생각한다. 나는 대학이나 지역 출신을 개인적으로는 신경 쓰지 않으며 그리 크게 따지지 않는 편이다. 그 여러 가지 이유 중에 하나는 고(古) 김대중 전 대통령의 사례를 통해서 느낀 바가 크기 때문이다. 마찬가지로 감옥에서 20년 남짓한 시간을 보내고 출소한 고(古) 신영복 교수도 대단하다. 20년 기간 동안 숱하게 많은 편지와 사연을 부모님,

형수님, 가족들에게 보냈고 나중에는 그것을 엮어서 책을 출간했다.

신영복, "감옥으로부터의 사색", 돌베개, (2010)라는 책을 읽으면서 혼자만의 고독한 시간, 외로운 싸움의 시간을 보낸 작가의 모습을 보았다. 서울대 출신임을 떠나서 20년 이상 감옥 생활을 하면서 그곳이 새로운 또 하나의 대학교임을 받아들인 점도 인상적이었다. 개인적인 부분을 감추고 제한적으로 사람들을 만나는 사회생활과 감옥 생활은 다르다. 24시간 동안 감옥 동료들과 함께 있어야 하니 생리적인 현상, 미세한 감정의 움직임까지도 공유해야 한다. 그럼에도 그는 감옥에서 붓글씨를 쓰고 책을 읽고 글을 쓰면서 자신만의 활동을 계속 이어갔으며 끊임없는 자기 성찰과 생각을 통해서 성장했다. 학력과 관계없이 이렇게 뛰어난 저술 활동과 자기 성찰의 모습을 보인 분들을 보며 느낀 점이 많다.

비록 한때는 부모님과 환경의 우월한 혜택을 받은, 수도권 주요 대학 출신의 동료들을 보며 열등감을 느끼기도 했다. 그러나 훗날 몇 년간 경쟁 구도 속에서 헌신적으로 일하다 보니 그런 게 별 게 아니고, 다 각자만의 고민이 많다는 것을 알았다. 그리고 나서 나의 열등감과 상처의 일부가 수그러들었다. 이제는 '비교하지 말자', '난 지천명(知天命)의 50대이다', '행복은 각자가 추구하는 것이다'라는 생각을 한다.

집안과 재산에 대한 자격지심

군 제대 후 새벽 배달을 하면서 한 달에 130~140만 원을 저축했다. 1995년도인 그때 물가로는 나름 적지 않은 금액이었다. 당시 친구들은 내가 배달을 하는지 아무도 몰랐지만 새벽 2시부터 오후 1-2시까지 매일 배달을 했다. 그때는 20대 초반이어서 그런지 하루 몇만 보를 걷고 살이 많이 빠졌었다. 그래도 도전하고 노력하니 즐거웠다. 그때 아버지는 과거보다 기력이 쇠하셨지만 비슷하셨고 어머니도 마찬가지셨다. 부모님에게 독립하는 모습을 보이고 싶었고 23살부터는 더 이상 집에 손 벌리고 싶지 않았다. 그 당시 친구 몇 명이 뉴질랜드, 미국, 캐나다 등으로 어학연수를 가는 모습을 지켜보며 필자의 마음은 해외에 있었다. 그런데 여건이 허락되지 않았고 애꿎은 오성식 테이프, 원어민 빨리 듣기 테이프만 수십 번 반복해서 들어서 다 외울 정도가 되었다.

마음속의 자격지심과 결핍을 노력으로 승화시키려 했다. 힘을 아꼈다가 나중에 폭발적인 주행을 하듯이, 그 당시는 하고 싶은 것들을 꾹꾹 참고 개미처럼 노력만 했다. 그 덕분에 5-6년 후 괜찮은 영어 성적, 중간의 일어 성적, 그럭저럭 무난한 학점과 좋은 운으로 서울에 취직했던 것 같다. 무역회사, 일본회사를 거쳐서 꿈꾸던 여의도 전자회사에 경력 사원으로 입사할 수 있었다. 그것도 면접 때 Y대 출신의 옆 경쟁자를 이기고 해외사업부에 들어갔다. 운이 좋기도 했고 면접에서 도전 정신과 기세를 보여준 덕분이라고 나중에 들었다. 그런데 회사를 다녀 보니 또 다른 경쟁 구도가 기다리고 있었다. 실력만큼이나 멘탈(mental)도 강해야 했다. 어느 출신이든 패기와 도전 정신, 열정과 노력은 물론 통한다. 하지만 노력과 재능을 겸비한 사람들도 다수였다. 이미 출발 선상부터 부유하고 막대한 유산을 물려받을 예정인 동료들도 있었다.

남의 일에 크게 관심도 없었지만 강남에 사는 이야기, 아파트 시세, 아버지가 물려주었다는 것들에 대해 자연스럽게 듣게 되었다. 비싼 집을 가진 후배도 있었고 그 당시 몇 억원치 주식을 가지고 있는 동료도 있었다. 본인 소유의 토지에 아파트 단지가 들어와 보상을 받는다고, 출근길에 통화하는 동료도 있었다. 그럴 때는 애써 귀를 닫으며 '나도 우리 집에서는 소중한 아들이다. 귀한 사람이다'라고 자위하기도 했다. 나는 고향 경기도 안성시의 우리 집이 참 좋다. 넓은 마당에 여러 가지 과일나무, 채소와 동물도 몇 마리 있는 정겨운 곳이었다. 이렇게 정서적으로 좋고 소중한 고향이 있는데도 '대기업 본사에 있으니 왜 자꾸 열등감이 들까? 왜 나와 관련 없는 일로 상처를 받을까? 상대적 빈곤이나 허덕이는 모습이 상상이 갈까?' 등 여러 가지 생각을 하게 되었다.

나중에 대기업에 들어가서 동료들과 대화를 할 때 나처럼 어릴 때 몸무게가 잔뜩 빠질 만큼 배달 아르바이트를 했다는 이야기 같은 건 별로 못 들어봤다. 어학 연수나 해외에서 공부한 이야기, 여행으로는 어디가 좋고 어떻다는 이야기 같은 것들만 들려왔다. 부잣집 아들, 교수 자제, 외국 대학원 출신과 국내 주요 대학 선후배들의 모습에 본의 아니게 상처를 받았었다. 지금은 까마득한 이야기이지만 말이다. 30대 초반에는 그게 참 받아들이기 어려웠다. 고향에 계신 부모님, 출가한 누이, 형은 서울에서 직장 생활을 하는 내가 은근 기특했을 것으로 안다. 나도 스스로 대견했다. 하지만 낯선 세상에서 남과 나를 비교하게 되는 상황이 오면 그러지 못하게 됐다.

훗날 나이를 더 먹고 애플의 창업자 스티브 잡스가 입양 가정 출신이었다는 점을 알고 좀 위로가 되었다. 국정감사에서 명연설을 했던 고(古) 노무현 대통령이 인권변호사로 좌충우돌 활동한 이야기를 듣고도 좀 위안을 받았다. 정치 초년생일 때 고(古) 김영삼 대통령에게 찾아가서 용돈도 받고 조언을 얻었다는 일화도 책에서 보았다. 그분도 젊을 때 계속 가난한 생활을 한 것으로 안다. 또한 자녀분들의 공부에 대한 바람과 미래에 대한 걱정 등 일상적 고민의 모습에서는 왠지 모를 동질감을 느꼈다. 오프라 윈프리(Oprah Gail Winfrey)가 어려서 성폭행을 당하고 고난의 연속인 삶을 살았는데, 긍정적인 사고와 실천력, 독서를 좋아했다는 것에도 위로를 받았다.

'남들과의 비교는 그렇게 좋지 않은 것이다', '나만의 의미를 찾아라', '나는 사랑받기 위해서 태어났다', '할 수 있는 것과 할 수 없는 것을 구분해라' 등의 의미가 나중에 더욱 가슴에 와 닿았다. 기독교의 영향, 쇼펜하우어의 가르침, 4대 성인의 위치까지 갔지만 살면서 참으로 궁핍하고 곤궁한 삶을 산 공자의 이야기가 더 와 닿는 이유이다. '차라투스트라는 이렇게 말했다'라는 명작을 남겼지만, 사는 동안은 건강 이슈와 경제적인 불안을 늘 겪은 니체가 더 가깝게 느껴진다. 명작을 남겼지만 역시 고난의 청소년기, 청년기를 보내고 아버지와의 이별, 부모의 이혼을 경험한 칼릴 지브란도 공감이 간다. 어머니와 누이 한 명이 또 세상을 떠나고 동생과 미국 생활을 정리하고 쓸쓸하게 레바논에 돌아왔던 그이다. 말년에는 아파서 병을 앓다가 고향 땅에 묻힌 그의 이야기가 그의 그림, 글과 재능보다 더 가깝게 다가온다.

개인적으로 레바논에서 살아봤고 도시별로 다녀봤기에 더 깊게 다가왔다. 성경에 나오는 욥의 이야기는 우리 같은 평범한 사람들의 상처와 고난에 비교할 바가 못 되며, 아마 나라면 삶을 지속하지 못했을 수 있을 정도이다. 모세가 40년간 광야 생활을 한 것도 나의 경우보다 훨씬 더 강하고 센 고난을 겪은 것이다. 박노해, "사람만이 희망이다", 느린걸음, (2011)를 읽으면서 또 다른 고난과 고통, 시련의 세월을 겪고 써 내려간 글들에 감명을 받았다. 그의 노동 운동과 훗날 국가에서 배상을 하려고 한 것 또한 거부한 이야기 역시 인상적이다.

화가를 꿈꾸었지만 대학 진학을 앞두고 색맹이라는 것을 알고 만화가로서 다시 도전한 이현세 작가의 이야기도 인상적이다. 쉽지 않고 험난한 인생 여정을 사셨음을 이현세, "인생이란 나를 믿고 가는 것이다", 토네이도, (2014) 저서를 통해서 알게 되었다. '공포의 외인구단'이라는 작품의 원작 작가로 어릴 적 막연하게 숭배하던 분인데, 그 역시 녹록하지 않은 인생의 상황 속에서 자신을 밀어 부치면서 사신 것을 알게 되었다. 만화를 제대로 인정해 주지 않고 낮게 평가하던 시절부터 도전하여 현재 웹툰의 시대까지 만들도록 버텨 준 만화계의 대선배인 것이다. 연좌제로 미래의 진로가 막히기도 했다. 젊은 날 밤을 새가면서 작업을 하시느라 연세 드신 후 건강 문제로 고생을 많이 하신 것으로 안다. 그분이 유명해서 대단한 것이 아니라, 그의 여건, 환경 속에서 꿋꿋하게 버티고 열등감과 상처를 극복한 것들이 배울 만하게 느껴진다.

어릴 때 겪은 친누나의 죽음이 늘 기억난다는 서강대학교 최진석 철학교수의 말씀도 마음에 들어온다. 아침에 늘 '나는 오늘 죽는다'라고 외치면서 집을 나선다고 한다. 오늘 내가 죽는다면 웬만한 작은 일들은 대범하게 받아들이거나 용서하게 된다. 대수롭거나 민감하지 않게 반응할 것이다. 최진석, "경계에 흐르다", 소나무, (2017). "나를 향해 걷는 열 걸음", 열림원, (2022)을 통해서 30대 초반에 가졌던 열등감, 상처나 비교를 통한 감정들이 정리되었다. 스스로 답변을 찾게 되었으며, 어떤 면에서는 상처를 다른 방법으로 치유받았다.

Story 4.
불행의 원인

큰 것이 잘될 때만 감사하기

오프라 윈프리(Oprah Gail Winfrey), "언제나 길은 있다", 한국경제신문, (2020)에서 그녀는 "당신에게 생명이 있다면, 목적도 있다. 단 한 방울의 생명만 있다면 충분하다."라고 이야기한다. 그리고 어려움과 공허함의 아래에는 영혼의 확장이 있다고 말한다. 우리가 사는 게 피곤하고 힘들고 불행하다고 느낀다면 어쩌면 우리는 진짜 우리로 살지 않기 때문이다. 자신의 템포와 흐름을 찾아가야 하는 것이다. 나는 어쩌면 한동안 작은 것에 대한 감사를 잊고 지냈는지 모른다.

오늘 숨쉬는 공기, 우리 땅에 있는 평화의 순간, 가족과 함께 있는 소중한 시간을 포함해서 감사하다. 말하고 걷고 움직일 수 있는 건강에 대해서도 마찬가지이다. 지구상에서 1950년대까지 약 92%의 시간은 늘 전쟁 중이었다는 통계를 보았다. 약 8% 시간 동안만이 평화의 시간이었다고 한다. 현재도 러시아-우크라이나 전쟁, 이스라엘과 레바논 하마스, 또한 이란과의 긴장이 지속되고 있다. 나의 상처와 불행은 '범사에 감사하라'라는 성경 말씀을 염두한다면 극도로 줄어들 수도 있다. 혹은 발상의 전환을 통해서 오늘 아침의 상쾌한 날씨와 눈부신 햇살에 깊은 감사를 가져본다. 한가롭고 여유로운 멍한 상태의 평화로운 시간에 행복을 느껴본다. 상처와 불행이 오려고 하면, 차단해 버리는 방법 말이다.

사소한 것에 목숨 걸기

리처드 칼슨, “사소한 것에 목숨 걸지 마라”, 도솔, (2015)에서 어떤 것이든 1년 후에도 중요한 문제인지 곰곰이 생각해 보고 중요하지 않은 것은 버리라고 조언한다. 리처드 칼슨, “행복에 목숨 걸지 마라”, 한국경제신문사, (2010)에서는 ‘두려움, 분노, 고통에 대한 생각들과 관계를 맺는 새로운 방식을 훈련하고 자신감을 갖게 되면 고통이 차츰 완화된다’라고 말한다. 공감이 가는 말이다. 나 역시 젊은 날에는 남의 평가나 시선에 기준을 둔 적이 많았고 그럴수록 상처받는 일들이 많아졌다. 또한, 다른 사람과 나를 비교하는 것이 불행의 원인이 되기도 했다. 리처드 칼슨은 “행복에 목숨 걸지 마라”에서 ‘죽음과 애도, 슬픔 치유하는 방법을 안내하는 책들을 필요하기 전에 미리 읽어볼 것을 권장한다’라고 말했으며 이 또한 공감이 가는 말이다. 나는 10대 고교 시절에 아버지의 알코올 중독으로 인해 학업을 소홀히 하고 인생을 외면하며 방황하는 시간을 보냈다. 30대 초반에는 첫째 아이를 잃었고 같은 해 아버지도 갑자기 돌아가셨으며, 몇 년 후 아내도 크게 아팠다. 이러한 상황들에 그때는 어떻게 대처할 줄 몰랐다. 주변에 마땅히 물어볼 곳도 없었다. 물론 종교적으로 기도해주고 위로해준 감사한 분들이 있었지만 스스로 상실감을 극복하거나 고통을 대하기 위한 기본적인 준비나 지식이 없었다.

50대 초반이 된 후, 엘리자베스 퀴블러 로스, “상실수업”, 인빅투스, (2014)을 읽은 후 큰 위로를 받았고 지난 이삼십 년 이상의 상처와 아픔의 일부가 눈 녹듯이 사라졌다. 또한 이 책의 부록에 게재할 '위인과 공인의 사례 학습, 그를 통한 상처 치유'를 정리하면서 역시 위로를 받았다. 이 세상에는 각자의 아픔과 상처를 가진 사람들이 무수히 존재한다. 여러 책들을 읽다 보니 과거부터 현재까지 나의 협소한 시각으로 보아도 나보다 훨씬 더 억울하고 비통한 사례도 많다는 것을 알게 되었다. 그리고 나라를 위해서, 사회 정의나 공동의 발전을 위해서, 명분을 지키려 싸우다가 돌아가신 분들도 꽤 많다. 감옥에 계셨거나 고문을 당한 분들도 참으로 많다.

후손으로서, 같은 인간으로서, 불과100년 전보다 의학의 발달로 평균 수명이 길어진 시대를 사는 필자로서도 감사할 게 부지기수다. 일제 식민지 하에 고통받고, 6.25 전쟁을 겪은 후 경제를 일으킨 분들 덕택에 이렇게 편안하게 누리며 살고 있다. 현재 나의 상처와 불행거리는 어쩌면 그러한 분들에 비해서 너무 배부른 소리라고 여겨질 수도 있을 것이다. 또한 죽음의 문턱에서 다시 살아난 분들의 이야기도 간혹 듣는다. 죽기 전에는 지금 고민하는 수준의 것들의 대부분이 별 의미가 없다고 한다.

우리의 고민이 시작되는 불필요한 감정 싸움, 자존심 내세우기, 이기려는 마음, 남보다 잘하고 과시하는 마음은 아무 쓸데가 없다는 것이다. 그냥 사는 동안 행복했는지, 사랑을 많이 표현하고 가족들과 시간을 보냈는지, 마음을 따뜻하게 썼는지, 가끔은 나누고 누군가에게 도움을 주고 베풀었는지, 삶을 즐겼는지, 여유롭고 자애로운 마음을 가졌는지가 더 기억에 남는다고 했다. 꼭 필요한 사과를 했는지, 진실되었는지, 결국 가지지 못할 물질에 대한 추구보다 인간으로서 제대로 살았는지가 관건인 것 같다.

과다한 온라인 노출 시간

우리가 온라인 마케팅과 활발한 사회적인 교류의 목적으로 사용하는 인스타그램, 메타(구 페이스북), 유튜브, 쇼츠(Shorts) 등을 많이 볼수록 행복 지수가 낮아진다는 통계가 있다. 온라인에 많이 노출되고 모바일 사용 시간이 늘어날수록 상대적인 박탈감이 생긴다는 것이다. 어린이들에게는 정서적인 불안정, 집중력 저하 등이 나타나기도 한다. 그래서 애플의 스티브 잡스도 살아 생전에 자녀들의 전화기 사용 시간을 엄격히 제한하곤 했다. IBM의 창업자나 IT기업 총수들은 일정연령까지 자녀들의 핸드폰 사용을 관리했다고 한다. 요즘 길거리에서 흔히 볼 수 있듯이 누구나 걸으면서 손에 핸드폰을 쥐고 보면서 가는 시간이 많다. 전방 주시도 없이, 방어 태세도 없이 횡단보도를 건너거나 길을 걸을 때, 핸드폰 화면을 보다가 무언가와 부딪히곤 한다.

행복을 연구하는 학자들에 따르면, 온라인 기기 사용 시간이 적절히 통제되어야 정서 불안, 상대적 비교, 결핍 증가, 집중력 저하의 문제에서 멀어질 수 있다. 나도 몇 년 전에 한동안 인스타그램, 유튜브 계정을 두고 활동을 한 적이 있었다. 그때 온라인 피드와 팔로우 등이 신경이 쓰이고 때로는 글을 민감하게 받아들인 적도 있다. SNS에 노출될수록 마음이 편하지 않고 자주 피로했다. 성취감이나 별도의 만족도 없고 눈만 아팠다. 업무적으로 꼭 필요한 것이 아니면 굳이 타인의 활동을 자세히 보거나 알 필요도 없었다. 물론 마케팅 업무가 필요하거나 직업인 분들은 예외로 한다. 내 삶의 주인공은 나 자신이다. 내 행복은 내 것이다. 남과의 상대적인 비교로 기준을 삼을 필요가 없다. 또한 온라인상에 펼쳐지는 좋은 음식, 화려한 장소, 비싼 물품 등을 보며 기가 죽을 이유도 없다.

무엇이든 단순화하고 자신을 위한 시간을 더 확보하는 것이 행복과 연결된다. 자신만의 가치와 의미를 찾아야 한다. 타인과 비교하지 말아야 한다. 독서하고 산책하고 좋은 음악과 친해짐이 낫다. 운동하고 명상도 하고 마음의 평안을 유지해야 한다. 세상의 번잡스럽고 바쁜 내용을 모두 알 필요도 없다. 그렇기에 행복을 위한 연구에서는 온라인 활동과 기기 사용을 줄이라고 조언한다. 필자도 TV 시청, 핸드폰 사용을 극도로 자제하고 줄이고 있다. 그러면서 햇볕을 더 쐬고 걷고 바람을 느끼려 한다. 자연과 더 친숙하게 지내며 사람과는 실제로 얼굴을 보고 대화하거나 통화하려 한다.

인간성의 회복, 친환경적인 생활을 꾀하려 한다. 헬렌 니어링, 스코트 니어링, “조화로운 삶”, 보리출판사, (2000, 류시화 번역)에서 이야기 하는 수준은 못 되더라도, 공원이나 근처 동산에 가서 자연과 시간을 더 보내려 한다. 그것이 나의 정서의 회복, 건강한 몸과 마음의 활력에는 더 도움이 된다.

해석과 실천이 부족한 것

김주환, “회복 탄력성”, 위즈덤하우스, (2019)에서 “역경이야말로 사람을 더욱더 강하게 튀어 오르게 만드는 스프링보드와 같다”라고 회복 탄력성 분야의 전문가인 작가는 말한다. 즉 평탄하게 살아온 사람들 중에는 큰 업적이나 성취를 이룬 사람이 없다는 것이다. 우리나라의 이순신 장군, 외국의 아브라햄 링컨 등의 위인도 마찬가지이다.

작가는 큰 교통사고를 당하고 나서 얼굴로 전동휠체어를 조정하며 입술로 컴퓨터 마우스를 조정하는 이상묵 교수의 이야기도 언급했다. 한국의 스티븐 호킹이라고 불리는 그분은 미국에서 사고를 당하셨는데, 그러한 사고를 새로운 인생의 방향 전환이라고 받아들이신 것이다. 이처럼 똑같은 사안도 바라보는 시각에 따라서 천차만별로 다르고 그에 대한 대응도 다르다.

정신과 전문의이자 철저한 건강 관리자 중 한 분인 이시형 박사는 평생 자기 계발 프로젝트로 공부하는 이야기에 관한 저서를 썼다. 이시형, "행복한 독종", 리더스북, (2010)에서 나이가 들어도 계속해서 변화와 성장을 도모하는 과정을 보여준다. 그분은 현재 90대 초반으로 아직도 왕성히 활동하시는 것으로 안다.

유명한 저서인 조지 베일런트, "행복의 조건", 프론티어, (2010, 이덕남 옮김) 책의 감수에도 참여하셨다. 그는 '행복한 독종'에서 1. 느긋하고 평화로운 마음 2. 신선한 채소 위주의 소식 3. 적당한 운동'을 추천했다. 그는 죽고 싶지 않으면 끊임없이 움직이라고 조언한다. 나에게 주는 상처와 고통의 요소를 최소화해 보자. 부정적인 것을 발상의 전환으로 감사하고 긍정적인 것으로 덮도록 해 보자. 내가 통제할 수 없는 것에 연연하거나 스트레스를 받지 않는 훈련을 해 보자.

크리스 코트먼, 해롤드 시니츠키, "감정을 선택하라", 유노북스, (2016, 곽성혜 옮김)에서는 "각자의 더 행복한 인생을 위해서 감정을 선택하라"라고 조언한다. 어떤 일이 닥쳐도 자신이 실패자가 아니라는 마인드가 중요하다는 것이다. 생각보다 감정이 우리 몸의 건강에 지대한 영향을 미친다고 한다. 특히 분노 관리 여부에 따라서 심장 질환과 일부 암에 영향을 받는다는 보고가 있다. 이런 점에서 명상, 기도, 요가, 걷기 등은 모두 감정을 이완시키는 데 도움이 되기에 우리 4050 세대도 적용해야 한다. 스트레스를 최소화해야 한다. 참거나 그냥 묵인하면 병이 되는 것이다. 우리가 좋아하는 '해리 포터'를 쓴 조앤 롤링도 젊은 나이에 영국에서 포르투갈로 이주했었다. 그리고 그곳 남성과 결혼한 후, 2년 만에 이혼했다. 어린 딸과 영국에서 정부 보조금으로 겨우겨우 살면서 그녀는 늘 우울하고 지독하게 가난했다. 돈이 없기에 할 수 없이 자신의 어린 딸에게 들려줄 동화책을 쓴 것이 '해리 포터'였다.

나 역시 최근 몇 년 동안 힘든 일이 생기면 밖으로 나갔다. 무조건 햇볕을 쬐면서 아침에 30분 이상 걸었다. 뭔가 잘 안 풀리면 점심 식사 후에 혼자서 또 걷곤 했다. 클래식, 자신의 아픔과 어려움을 인정해 주는 오디오북, 성경과 위인들의 위로의 표현, 자신감 회복의 음악을 듣기도 했다. 그리고 5분에서 10분이라도 눈을 감고 회복의 시간을 가졌다. 그럴 때는 생활을 단순화해서 SNS나 TV 시청도 거의 하지 않았다. 오로지 운동, 산책, 독서와 좋은 음악 듣기, 충분한 수면으로 극복하곤 했다. 화분에 식물 한 개를 키우면서 물을 주고 햇볕에 내어 놓고 대화를 시도하는 것도 괜찮은 방법 같다. 화초, 채소를 키우면서 텃밭 농사를 지어도 스트레스 해소와 정신 건강에 도움이 된다고 이미 여러 통계에서 입증된 바이다. 정신병동에서 산책하는 시간과 산책 실행력에 따라서 회복 정도를 파악하는 점도 우리 정신건강에 햇볕 아래의 산책과 자연 친화적인 것이 얼마나 도움이 되는지를 알려준다. 이런 것들을 최근에 계속 실행하면서 행복 지수를 유지하도록 노력하고 있다.

근심이나 고민이 생기면 글로 적어본다. 현재 상황, 이유, 대안 그리고 최악의 상황을 가정하며 적어본다. 혹은 문제를 해결할 방법, 완화할 방법도 적어본다. 그리고 언제까지 어떻게 할지 계획도 적는다. 그렇게 하다 보면 별것 아닌 쓸데없는 걱정거리도 꽤 많다는 것을 알게 된다. 나는 고민과 걱정이 생기면 그런 작업을 하고 햇볕 쬐면서 걷거나 슬로우 러닝을 한다. 며칠 간 그런 과정이 거치면 대략 윤곽이 잡히고 해결 방법이 나오곤 한다. 90% 이상의 쓸데없는 일어나지도 않을 걱정은 내가 통제할 수 없기에 아예 걱정하지 않기로 한다. '내일 일은 내일 걱정하라'라는 성경의 말씀도 적용한다.

자신만의 행복과 기준이 없는 것

세상의 기준과는 다른 나만의 행복의 조건과 기준이 없을 때는 쉽게 상처를 받거나 흔들리곤 했다. 즉 내 스스로의 기준 없이 세상의 관점에서 넋 놓고 있을 때는 행복을 찾기가 어려웠다. 세계의 행복 지수 순위(2023년)를 보면, 몇 년째 핀란드가 1위이다. 그들은 자연 친화적인 생활을 하며, 교육과 복지 시스템도 잘 관리되고 있다. 핀란드 초등학교 선생님이 직접 쓴 리카 파카라, "핀란드 교육 현장 보고서", 담푸스, (2013, 고향옥 옮김)를 보면 더 이해가 간다. 학교의 교육 프로그램이 특별히 정해져 있지 않아 선생님 한 명이 아이들 반을 맡아서 자신의 교육 계획과 소신대로 몇 년간 계속 교육을 한다. 교육에 대한 자부심이 크고 아이들의 자율성과 창의성, 참여도도 높다.

학습 능력이 부족한 학생이 있어도 불이익이나 스트레스를 주지 않는다. 또한 대학교를 원하지 않으면 굳이 안 가도 좋아하는 분야로 진출함에 문제가 없다. 우울증이나 스트레스 받을 일들이 학교에서 극도로 줄어든다. 교육 체계나 방법이 우리와 매우 다르다. 성별 평등과 생활에서의 균형도 좋으며 사회적으로도 높은 신뢰가 형성되어 있다.

2023년에 세계에서 가장 행복한 나라로 선정된 국가들은 핀란드, 덴마크, 아이슬란드, 이스라엘, 네덜란드가 1-5위를 차지한다. 그 뒤로 스웨덴, 노르웨이, 스위스, 룩셈부르크, 뉴질랜드가 6~10위를 했다. 대부분 유럽 국가들이다. 질문하는 공부법으로 유명한 하브루타 교육법의 이스라엘도 4위로 매우 높다. 대답하는 교육법을 추구하는 우리나라와 달리, 인문학과 철학에서는 질문의 중요성을 강조해 왔다.

소크라테스가 대단하게 여겨지는 것도 주로 질문을 통해서 스스로 깨닫게 했기 때문이다. 그 점에서 내 생각에도 이스라엘의 하브루타 교육법, 우리나라 철학자 최진석 교수의 질문의 중요성 강조가 연결된다. 소크라테스가 책도 안 썼지만 현재까지 그리 유명한 것도, 그가 제자와 시민들에게 알려준 질문의 중요성 때문이다. 그는 질문을 통해서 스스로 진리를 알게 하는 데 탁월한 천재였다. '악법도 법이다'라고 말했다. 마지막에도 도망가거나 피하지 않고, 독약이 든 성배를 마시고 죽었다.

행복하다고 생각하지 못하는 것

쇼펜하우어는 행복의 90%는 건강이 좌우한다고 했다. 조지 베일런트, "행복의 조건", 프론티어, (2010, 이덕남 번역)에서 하버드 출신 인원들 268명, 서민 남성 456명, 여성 천재 90명을 72년간 추적했다. '행복하고 건강한 삶에 법칙이 있을까?'라는 질문에 대한 답을 찾아왔다. 그가 몇십 년 간 연구한 결과 행복의 조건 중 첫 번째가 건강이었다. 금연, 운동과 체중 관리가 건강 관리의 핵심 요소이다. 그 다음은 인간관계(가족, 친구)였다. 안정적인 결혼 생활과 인간관계가 중요하게 영향을 미쳤다. 특히 부부, 가족과의 관계와 최소한의 친구였다. 47세 전후의 인간관계 수준이 노후 70~80세에도 비슷하게 영향을 미친 것으로 나타났다. 50세 이전에 우울증을 앓았던 사람은 노년에도 행복하지 않을 확률이 훨씬 더 높았다. 직속 가족의 질병이 영향을 미치는 결과도 있었다. 가족력에 따라서 잘 관리를 해야 한다는 것이다. 많은 친구나 지인보다는 소수라도 꾸준하게 교류, 소통하면 괜찮다는 통계이다. 또, 배우려는 의지를 포함한 교육, 금주와 성숙한 방어기제가 영향을 미쳤다. 성숙한 방어기제에는 이타주의, 예술적 승화, 억제력, 유머 등이 포함된다.

조지 베일런트는 교수인 아버지를 두고 비교적 좋은 가정에 태어났지만 열 살 때인 1945년도에 큰 사건을 겪는다. 그의 아버지 조지 크랩 베일런드(George Clapp Vaillant)가 권총 자살을 한 것이다. 그는 그것을 계기로 정신과 의사가 되기로 마음먹고 하버드 대학교 의과대학교수가 된다. 또, 연구에 의하면 경제적인 것도 삶에 영향을 미쳤다. 즉 삶을 영위하는 데 돈이 늘 필요하다는 것이다. 하지만 그것이 결코 첫 번째, 두 번째 안에 드는 행복 조건이 아니었다. 즉 행복의 조건에는 필요 이상의 돈이 필요하지는 않다는 연구 결과이다. 다만 교육 수준이 높을수록, 계속 자기 계발을 할수록 행복 지수도 높고 삶에 만족한다는 결과를 내보였다. 이를 통해서 필자 역시, 독서를 통한 꾸준한 자기 계발, 소박한 마음을 먹는 것의 중요성을 깨달았다.

4050세대로서 이제 경제적인 과욕이나 기대를 좀 자제하기로 마음먹었다. 건강 관리와 스트레스 최소화에 더 힘쓰기로 했다. 큰 것, 화려하고 좋은 것보다 작은 것, 소박한 것에 의미를 더 두기로 했다. 작은 것에 감사하며 더 갖고 더 챙기는 것도 자제하기로 했다. 두 개면 한 개는 나눠주는 마음도 연습하기로 한다. 쇼펜하우어는 할 수 있는 것과 할 수 없는 것을 나누기를 조언했다. 내가 사람으로서 노력해도 도저히 할 수 없는 것이나 통제할 수 없는 외부 변수에 불필요한 스트레스를 받거나 걱정을 하지 말자는 것이다.

평균 수명은 길어졌지만, 인생이 언제 끝날지 우리는 장담할 수 없다. 그게 30-40년 후일수도 있지만, 어쩌면 우리가 예상하지 못하는 몇 달 후일지도 모른다. 인류는 창조적이고 대단하지만, 내일의 삶을 정확히 예측하거나 전혀 알지 못하는 유한한 존재이기도 하기 때문이다. 하늘에서 부르실 때, 그 순간에 재산이 얼마인지, 가지고 있는 물건의 브랜드가 무엇인지를 따지지는 않을 것이다. 그냥 누구와 얼마만큼 더 사랑했는지, 시간을 같이 보냈는지 혹은 공감과 용서를 해주었는지가 더 큰 의미일 수 있다. 이런 생각이 40말 50초가 되면서 더 구체적으로 들었고 앞으로는 그 기준으로 최대한 살아보려고 한다.

Story 5.
상처와 불안의 발현

언제 고통이나 갈등을 느끼는가?

현실보다 과하게 욕심을 부려 이상과의 차이가 느껴질 때, 그럼에도 과욕을 버리지 못하고 남들과 자꾸만 비교할 때 고통이 느껴진다. 물질에만 의미를 두고 미래를 과하게 걱정할 때 또한 갈등이 찾아온다. 성경 말씀대로, 또한 많은 현인의 이야기대로, 내일 걱정은 내일 하는 편이 맞다. 굳이 미리 걱정해도 도움이 거의 안 된다. 또한 건강이 안 좋을 때, 실직했을 때, 미래가 불확실할 때 힘이 든다. 경기가 안 좋을 때는 많은 사업자, 회사들이 버거워한다. 조지 베일런트, "행복의 조건", 프론티어, (2010)의 연구 결과처럼, 건강, 인간관계, 교육 등이 우리의 행복에 영향을 미친다. 특히 어디가 아프거나 가족과 잘 못 지낼 때는 그 고통이 배가 된다.

불안은 어디에서 오는가?

나의 불안은 주로 어디에서 오는지 생각해 보았다. 먼저, 건강에 이상이 생기면 불안하다. 또한 직장 생활에서 뭔가 문제가 생기면 역시 불안해진다. 미래의 불확실성이 커지면 역시 편안하지 않다. 욕심은 어디에서 오는가? 엄밀히 보면 꼭 필요한 것 이상을 원하는 모든 것이 욕심이다. 지금 당장 필요하지 않은 것을 구하는 것도 어찌 보면 욕심이다. 내가 가지지 않은 것을 다른 이가 가진 것을 보고 갖고 싶으면 역시 욕심이다. 탐욕과 욕심은 당장 필요하지 않은 것, 다른 사람과 비교하면서 생기기도 한다.

직장 생활에서의 어려움은 무엇인가? 내가 할 수 있는 것을 하면 괜찮다. 좀 어렵고 참아야 해도 역시 문제없다. 내가 좋아하고 관심있는 것을 해야 한다면, 더할 나위 없이 좋다. 상사가 나를 믿어주면 좋다. 동료들과 웬만한 사이로 지내도 괜찮다. 그런데 내가 하기 어려운 것을 접하면 문제가 시작된다. 참고 어려운 일을 해내도 결과 도출이 어렵다면 역시 문제가 된다. 상사와의 관계가 어렵다면 또한 문제가 커진다. 즉 직장에서는 내가 하기 어렵거나 상사와 문제가 있거나, 사실과 다르게 공격을 받거나 오해를 받으면 어려워진다. 인간관계에서 우울해지는 경우는 어떨 때인가? 상대적인 초라함, 박탈감이 생기면 우울 해진다. 다른 사람들은 잘 지내는데, 혼자 어렵고 힘들다고 느끼면 역시 기분이 쳐진다.

진정으로 노력하고 고생하였는데 그에 맞는 평가를 받지 못하면 역시 허탈하고 우울해진다. 그럼 어떻게 하면 우울함을 견뎌낼 수 있을까? 우선 살아있는 한, 활동하는 한 별의별 일들이 일어날 수 있다는 것을 미리 염두해 두면 좋다. 또한 인간은 불완전한 존재이기에 나 스스로도 부족함을 인정하는 것이 좋다. 또한 다른 사람들의 평가도 언제든 내가 보기에 공평하지 않을 수 있다는 것도 염두에 두어야 한다. 그리고 사회 활동을 하면 할수록 그러한 것들에 많이 노출되는 것이 당연하다. 누구를 만나고 같이 일할수록 그러한 환경이 자연스럽게 조성된다고 인지하는 것이 좋다.

어려움과 고난, 시련이 오는 것은 살아있다는 반증이다. 또한 억울함과 불안이 있더라도 역시 우리가 숨쉬고 있기에 그런 감정이 자연스럽게 발생할 수 있다는 것을 염두해두면 된다. 이 역시 내가 이 땅에서 뭔가를 하고 있다는 증거이다. '오늘은 어제 죽은 자가 그토록 희망하던 하루'였다. 스스로 우선 나를 인정하자. 나는 몇십억 분의 일 경쟁률을 뚫고 세상에 나온 소중하고 귀한 생명이라는 것을 인지하고, 누가 몰라줘도 나부터 우선 나를 알아주자.

자아 회복력을 되찾는 방법은 무엇일까? 영국의 한 리서치에 따르면, 스트레스 해소에 좋은 방법은 '1. 독서 2. 음악 감상 3. 커피 마시기 4. 산책'이다. 세로토닌, 도파민이 확보되도록 잠을 푹 자는 것도 좋다. 우선 식사 후에 따뜻한 햇볕 아래에서 산책을 하면서 스스로 몸을 움직이는 것을 추천한다. 그리고 자신의 생각을 글로 써보는 것도 도움이 된다. 독서에는 명서, 성경, 불경, 공자, 소설, 시집 등도 유익하다. 영화나 스포츠 감상을 통해서 머리를 식히는 것도 좋다. 낚시나 등산을 통해서 한적함과 자연 친화적인 것을 즐기는 것도 도움이 된다.

새로운 곳을 여행하면서 경험하는 것도 좋다. 살아가면서 하루하루 새로운 일들이 생기고 누구에게나 각자만의 상처가 생긴다. 10-20대에는 그 나름대로의 고민이 있다. 학습, 친구 관계, 가족, 장래의 꿈, 취업 등 다양한 어려움이 생기고 부모님, 선생님 또는 친구에게서 상처를 받기도 한다. 어른이 되면서 또 다른 고난들을 직면한다. 직장 생활, 인간관계, 건강, 경제 문제, 결혼 등 다양한 상황을 맞닥뜨리며 또 다양한 상처가 생겨난다. 즉 우리는 늘 불안이 생길 수 있다.

언제 상처를 받는가?

스스로 상처를 대하는 태도를 살펴본다. 나는 40대 중반까지는 상처를 잘 받았으나 그 이후로 상처를 받는 일이 눈에 띄게 적어졌다. 그 이유를 굳이 찾아본다면, 남들도 나와 별반 다르지 않다는 것을 깨달았기 때문이다. 모르거나 말을 안 할 뿐이지, 각자의 아픔과 고통이 다들 있고 그 모양과 내용만 다를 뿐이다. 30대 초반에 아이를 병원에서 화장하고 오던 길, 아버지가 갑자기 돌아가신 눈이 많이 온 2004년 해외출장에서 국내로 복귀하던 겨울날, 아내가 큰 병에 걸려서 급하게 수술하러 서울로 가던 길, 그 길마다 나는 울었다. 어떤 때는 누가 들을까 봐 숨죽여 울기도 했고, 아무도 볼 수 없는 곳에서 엉엉 소리 내어 운 적도 많다. 감정을 찍어 누르거나 참으면 악화되고 오히려 마음껏 울고 슬퍼하면 상당히 편해진다. 아이가 잘못된 후 몇 년 동안은 아내와 대화하다가 눈물바다가 되기 일쑤였다. 우리 가족이 절대 권능자 신에 대해서 느끼는 상실감, 배신감 또는 섭섭함도 컸다. 또한 왜 이렇게 삶이 여러 가지로 한꺼번에 우리를 공격하는지 이해가 되지 않았다.

나 포함 우리 가족 중에 누군가를 심하게 공격하거나 해를 가한 적이 없었고 대부분 당하거나 조용히 살았다고 하는 편이 맞을 것이다. 그럼에도 그런 어려움이 우리 가족에게 연달아 찾아왔을 때, 남들은 그저 평안하고 행복하며 무난하게 잘 지내는 것 같았다. 회사 동료들을 포함한 많은 사람들이 위로를 해주어도 크게 와닿지 않았다. 그런데 시간이 흘러 10여 년이 지나고 나서 알았다. 그때 나를 위로해준 동료 중에도 부모님이 병들거나, 형제가 죽거나, 혹은 아이가 아프거나 하는 큰일을 겪은 이들이 있다는 것을 말이다.

2011년부터 싱가포르에서 거주하는 동안 주로 교회에서 좋은 이웃들을 만나기도 했다. 한국에서 아이를 잃고 큰 상처를 얻게 된 아내와 나에게 더없는 회복의 시간이 주어졌다. 처음에는 아이에 대해 비밀로 하다가 결국 이웃들과 교제하면서 모두 알게 되었고, 그러면서 다른 불임 부부도 알게 되었다. 이처럼 누구에게나 시련은 각기 다른 형태와 모양, 깊이로 불쑥 찾아온다는 것을 한 번 더 느끼게 되었고 그것은 부끄러운 게 아니었다.

어느 날은 교회 행사로, 특수학교에 다니는 자녀를 둔 가족들의 모임이 있었다. 그때 우리 부부는 결혼한 지 약 9-10년 된 불임 부부였다. 교회 성도 중에 약 30가정 이상의 가정에서 몸이 불편하거나 다른 이유로 특수학교를 다니는 자녀들을 데리고 왔다. 한국에서는 자녀를 키우기 어려운 점이 있어서, 해외로 온 부부들도 있다고 들었다. 귀한 자녀를 키우기 위해 사랑으로 어려운 결정을 한 것이리라. 몸이 불편한 아이를 보살피는 일은 참 어렵다고 들었다. 모두가 각자의 말 못 할 어려움과 고민이 있다는 것을 그때 또 한 번 느꼈다.

그 밖에도 건강이 안 좋아진 동료, 어떤 이유로 파산한 사람, 또는 지인에게 배신을 당한 사람, 부부 관계에 문제가 있어서 이혼한 사람 등 다양한 각자의 아픔과 상처가 있곤 했다. 어쩌면 나와 아내는 20년 동안 일어날 안 좋은 일을 2-3년 사이에 몰아서 미리 다 겪은 것도 같았다. 또한 대기업에 함께 입사했던 동료들 중 주요 대학교, 부잣집 출신도 아직도 돈은 더 많을지라도, 뭐 특별히 인생이 정말 다르고 더 행복하다고 생각이 전혀 들지 않았다. 다 각자의 삶이고 만족일 뿐이라는 생각이 들었다.

어쩌다 고향에 들렀을 때, 초등학교 시절부터 살던 집에 여전히 살고 있는 친구들이 있었다. 근처의 공단에 다니거나 농사를 도우며 살아가는 그들은 아직 학창 시절 얼굴이 비슷하게 남아있었다. 나도 그 친구들처럼 고향을 지켰으면 비슷한 생활을 하며 지냈을 것 같다. 인생은 선택이고 도전의 연속이다. 난 고교 시절 이후 외국과 관련된 일을 원했고, 그런 꿈대로 살았다. 즉 어떤 면에서 꿈은 이미 이룬 것이다. 하지만 그 꿈에는 경제적인 목표가 포함되어 있지 않았고 그 과정도 녹록치만은 않았다. 난 농부 아버지의 아들로서 산과 들, 농장, 젖소, 황소, 염소, 강아지, 농작물, 밭농사, 논농사, 막걸리, 포도농사, 자전거, 시냇가가 더 익숙한 사람이었다. 도시의 고급 백화점, 브랜드샵, 명품 차량, 라운지, 골프, 비싼 카페나 음식점, 택시, 양복에 넥타이, 비행기, 최고급 식사, 외국 대학원, 영어논문, 외국인과의 세미나는 20대 후반부터 하나씩 처음으로 경험했다고 해도 과언이 아니다.

헬렌 니어링, 스코트 니어링, "조화로운 삶", 보리출판사, (2000, 류시화 번역)에서 니어링 가족이 도시 생활을 정리하고 자연과 더불어 회복된 것 과도 비슷하다. 도시 혹은 시골, 어디에 살건 인생과 행복에 정답은 없다. 조용헌 작가의 방외지사의 사례들처럼 도시 생활을 청산하고, 산속으로 들어가서 건강하고 행복하게 잘 지내는 분들도 있다. 한 번뿐인 인생인데 살고 싶은 대로 사는 것도 대단한 것 같다. 도시에서의 돈 벌 기회, 가족, 사회적 시선, 편견, 친구 등 많은 것을 포기하고 선택한 것이기 때문이다. 현대 사회에서 그런 선택을 하는 것은 아직은 매우 작은 비중으로 보이기 때문이다. 또한 나이를 먹고 세상 경험을 많이 하고 실패의 쓴 맛을 보면서 결정했을 테니 말이다.

이제는 세상 순리를 알고 스스로 주제를 대략 파악했다. 넘봐도 되는 것과 안 되는 것이 교통정리 된 것 같다. 그리고 독서를 통해 많은 선인, 현인과 위인들의 진리의 말씀을 접했고 깊이 사무쳤다. 종합적인 사고력을 점차 키워가면서 인생의 의미와 나의 존재 가치를 생각하게 된다. 도시에서 바쁘고 잘 나갈 때는 경제적인 풍요는 있었지만 마음의 여유가 없고 늘 쫓기듯이 살아왔다. 지갑은 두둑한데 마음은 강팍했다. 도시와 그럴 듯한 이름의 자리에서 한 발짝 물러나니 지갑은 얇아졌다. 그런데 오히려 마음이 여유롭고 세상이 보이며, 좀 더 삶이 풍요로워졌다. 욕심을 내려 놓으니 편하다. 딱 먹을 만큼만 먹고 과하지 않으니 속이 편하다고 할까? 지내보니 경험, 연륜도 중요하지만 성숙의 정도가 그것과 결코 비례하지 않았다. 젊은 나이에 갖은 고생과 시련을 겪은 후에 이미 성숙해진 사람들도 보았고, 연세는 지긋한데 다소 옹졸하고 공격적인 분도 있었다. 각자의 처한 환경과 지내온 생활이 있었을 것이다. 결국 자신이 그러한 상처를 어떻게 대했는지가 중요하다. 온몸으로 경험한 것들을 스스로 잘 해석하고 받아들인 후 내보냈는지가 중요하다. 인생에서 펼쳐지는 사안들을 그때마다 어떻게 성숙하게 받아들였는가? 진정 나의 것으로 유의미하게 재해석했는가?

살다 보면 누구나 섭섭하고 어려운 일이 종종 생기고 사람에 대해서 실망하기도 한다. 하지만 나부터 부족한 인간이다. 다른 이도 어느 정도 그럴 수 있다고 생각하니 마음이 편하다. 상처를 받기보다는 이해하고 넘기는 쪽으로 발전을 도모하자. 욕심을 버리고 기대를 낮추면 상처받는 일이 대폭 줄어든다.

극복하기 위한 나의 다짐과 노력

그동안 나름 몇 년간 새벽 기상, 독서, 운동, 심신 훈련, 마음 가짐

다지기, 충분한 정서적 안정과 함양을 했다고 생각했었다. 50세, 60세, 70세에도 일해야 하는 시대이다. 그러니 멀리 보면서 꾸준히 경쟁력을 키워야 한다. 변화의 패턴과 상호 관계를 이해해서 연결, 구축하는 것이 창조적 사고라고 한다.

어느 방송에서 JYP 박진영 대표가 가수 성시경과 이야기하는 것을 들었다. "어떤 분야에서 지속하려면 자신의 분야 내에서 계속 업그레이드가 필수적이다."라는 것이다. 그 표현이 정말 맞다고 공감했다. 지천명의 나이 50세라고 해도 앞으로 최소 20년은 더 일해야 한다. 일희일비하지 말자. 과거 잘 나갈 때의 고소득과 지금을 비교하지 말자. 도전한다. 감사한다. 참고 기다린다. 누구나 어려움이 있지만 표시하지 않거나 이해하지 못할 뿐이다. 몸과 마음의 건강, 실력, 필살기 차별화가 필요하다. 독서, 명상, 운동과 글쓰기도 자존감, 자기 효능감, 소중한 자아형성 및 유지에 큰 도움이 된다. 도전은 계속된다. 새로운 기회여 어서 오라!

유의할 점은, 엘리자베스 퀴블러 로스, "상실수업", 인빅투스, (2014)에서 읽은 대로, 그 당시에 충분하게 감정을 풀고 해결하지 못하면 문제가 된다는 것이다. 예를 들어 사랑하는 가족이 갑자기 사망했는데, 슬픔을 참아내는 것과 같은 경우 말이다. 또는 사망 원인이 남들에게 이야기 못 할 이유라서 에둘러 다른 이유를 댔지만 진짜 사망 이유는 자신만 알기 때문에 제대로 된 위로도 받지 못한 채 상처로 계속 남는다.

최근에는 우연히 한 지인이 대학 입시 준비 중이던 아들의 갑작스러운 자살로 힘들어하고 있어, 나에게 책을 추천해 줄 수 있느냐고 물었다. 나는 '상실수업'을 우선 읽어 보시고, 햇볕을 쐬며 산책을 꾸준히 하면서 푹 주무시라고 이야기해 드렸다. 그리고 "결국 시간이 필요하니 기다려줘야 할 거다."라고 전했다. 그 이후 다른 책이 필요하면 추천해 드리겠다고도 했다. 아마 24년 여름의 끝자락이었다.

상처와 극복에 대한 사례

"당신이 버킷리스트를 만들고 5년, 3년, 1년의 계획을 세우고 수없이 많은 실천거리에 걸려 있을 때 성공하는 사람들은 매우 작은 행동을 시작한다". 존 크럼볼츠, 라이언 바비노, "빠르게 실패하기", 스노우폭스북스, (2022)에서의 표현이다. 어떤 것을 할지 말지 망설이기보다 작은 행동으로 도전을 시작하는 것은 성공을 위한 필수적인 과정이자 선결 조건 같은 것이다. 즉 완벽주의 사고를 없애야 한다. 크고 거창한 컨셉을 자제해야 한다.

행동을 작게 나누어서 당장 오늘 할 수 있는 것, 한 번에 처리할 수 있는 작은 단위, 바로 시작할 수 있는 것들을 시도하는 것이다. 결국 이는 조금씩 꾸준히, 작은 것부터 실천하는 박요철 "스몰 스텝", 뜨인돌출판사, (2018)에서의 내용과도 연결된다. 마음 속의 불안과 상처를 없애기 위한 다양한 행동을 작게라도 시작해 보는 것이다. 나 역시 무엇을 할 때, '한두 번 해 본다'는 가벼운 마음으로 시도해 본다. 그리고 그것이 도움이 되거나 필요하면 잠시라도 반복한다. 성공하는 사람들의 습관 중 공통된 부분을 따라하고 적용하는 것이다. 또한 제대로 처음부터 잘하려다가 중단해 버리는 자신을 알기 때문이다. 그 행위에서 무조건 성공한다는 강박관념은 일찍이 버리려고 스스로 늘 다짐한다.

게리 켈러, 제이 파파산 "원씽(The One Thing)", 비즈니스북스, (2013)의 저서에서도 말한다. 한 가지에 시간과 에너지를 집중한다. 단순화시키고 진행한다. 그를 통해 성공 확률은 자연히 높아진다. 단순함의 힘이다. 물론 실행하기 전에 먼저 좋은 결과가 나올 것을 염두한다. 상상력을 발휘해서 생각을 자유롭게 한다. 무턱대고 실행하기보다 먼저 폭넓게 생각해 본다.

나는 걷기를 오래 해 왔다. 하지만 4050이 되면서 달리기는 하지 못했다. 뛰어본 경험이 40세 이후로 거의 없었다. 최근 김성우, "30일 5분 달리기", 에이치비 프레스, (2021)를 보고 나서 다시 5분 달리기를 시작했다. 저자의 조언대로 작은 보폭으로 1초에 3걸음 정도로 시작했다. 10년, 아니 15년 이상 몇 분 이상 뛰어본 적이 없었던 내가 다시 걷다가 뛰다가를 반복하기 시작했다. 아직 10km 마라톤, 하프마라톤을 시도하기는 어렵지만 이렇게 한 달 이상 진행하면 당장 집 앞의 3km 배다리 공원을 이전보다 쉽게 뛸 것 같은 몸이 되어간다. 무엇보다 걷고 슬슬 뛰니 활력이 넘친다. 잡념이 사라지고 생각이 정리된다. 40세 넘어서 나는 아침잠이 없어져서 보통 새벽 5시 전후에 깨어나 자연스레 아침형 인간이 되었다. 많은 아침형 인간과 같이 나도 이부자리를 개는 것으로 시작한다. 기지재를 켜고 정해진 루틴대로 움직인다. 미국의 26대 대통령인 루스벨트도 "다가올 수천 단계에 대해 걱정하기보다 눈 앞의 다음 단계로 발을 내딛는 사람이 되고 싶다."라고 말했다고 한다.

필자의 경우에도 문득문득 찾아오는 불안과 상처를 대하는 방법이 있다. 우선 그것이 하루 이상 지속되면 종이에 적어본다. 불안과 상처의 이유가 무엇인지 낱낱이 적어본다. 그리고 그것을 해결할 방법도 몇 가지 적는다. 당장 할 수 있는 것과 점차 시간을 갖고 할 일을 적는다. 그리고 당장 할 것 중에서 작게 시작할 수 있는 방안 1, 2개를 적는다. 몇 분의 시간을 투자하면 나아질 것들 말이다. 그리고 햇볕 아래를 걷거나 천천히 뛴다. 일부 생각을 정리하고 나서 나중에 종이에 다시 적어서 관리한다. 그 고민 중에 내가 통제할 수 있는 것과 없는 것도 구분해서 적는다.

쇼펜하우어의 가르침대로 통제가 불가능한 것은 걱정하지 않기로 한다. 마인드 컨트롤, 명상 및 운동의 시간을 오히려 늘린다. 통제할 수 있는 것 중에 내가 할 부분에 대한 작은 실천 계획을 세운다. 몸을 움직이고 활동한다. 몇 분이라도 달리기를 하고 온 몸이 살아있음을 느낀다. 통제할 수 없는 데 도움이 필요한 것은 가끔 하나님께 기도하기도 한다. 이런 식으로 하면, 대부분은 해결된다. 또한 자신의 욕심과 집착, 큰 기대 같은 것을 버리기도 한다. 작고 소소한 것에 감사하는 마음을 더 갖기로 훈련한다.

벤저민 하디, "퓨처셀프", 상상스퀘어, (2024)를 읽고 미래에서 현재의 나를 돌아보았을 때, 많은 것들이 현재처럼 그것에 과도하게 집착하거나 옹졸하게 할 필요가 없다고 느꼈다. 꼭 이기고 무조건 잘하고 스스로 옭아맬 필요가 없다고 생각이 들었기 때문이다.

공감을 불러일으키고 뭔가 동병상련(同病相憐)을 느끼게 하는 분이 있다. 그중 비슷한 연배의 김창옥 강사의 강의를 자주 들으며 치유되는 것 같은 느낌을 받은 적이 있다. 다소 강팍하게 살아온 어떤 이들에게는 여유롭게 시간을 보내고 노는 삶이 익숙하지 않을 수 있다. 나 역시 어린 시절부터 가정 환경의 영향과 스스로 살아남아야 한다는 강박 관념으로 50여 년을 살아오며 생긴 습관이 있다. 이제는 좀 바꾸고 작은 것부터 즐기면서 살기로 한다. 인생 전반전이 끝났기 때문이다.

존 템플턴, "존 템플턴의 행복론", 굿모닝북스, (2006, 권성희 옮김)에서 사도행전 20장 35절 이야기가 나온다. '주는 것이 받는 것보다 복이 있다.' 그에 따르면 가장 성공한 사람들은 나눌 수 있고 그로 인해 보람을 느끼며, 결국 더 큰 보상을 얻게 되는 것이 삶의 법칙이라고 한다. 그는 또한 '용서받기 위해서는 먼저 용서해야 한다.'라고 말한다. 자신이나 타인에게 마음의 상처와 아픔이 있다면, 계속 지니고 있기보다는 어느 때에 용서하고 훌훌 털어버리는 것이 인생의 지혜이다.

작가, 사업가, 편집자를 하셨고 경기 안성시에서 전원생활을 하신 장석주, "마흔의 서재", 프시케의숲, (2020) 작가는 편집자 시절 수백권의 책 표지를 선별하고 저서 작에 관여했다고 한다. 젊은 시절 출판 사업을 하실 때는 의도치 않게 책 출판 이슈에 엮이게 되어 약 2달간 감옥 생활을 했다는 이야기도 봤다. 인생의 쓴 경험을 하신 뒤 도시 생활을 정리하고 인적이 없고 적막한 산속으로 가셨다. 거의 칩거 수준으로 시골에 가서 혼자만의 회복과 독서의 시간을 보낸 것이다.

문화부장관을 지내신 고(古) 이어령 작가는 2022년 돌아가실 때까지 집필을 멈추지 않으셨다. 생전에 깊게 공부, 사색하고, 다방면의 수많은 책을 쓰셨다. 따님을 하늘나라로 떠나보내시고, 온갖 힘든 마음의 시간을 보내셨다. 나는 아직 그분의 책을 일부(17권)밖에 읽지 못했다. 우리나라 지성이자 무신론자로 사시다가 노년에는 따님의 뜻과 여러 가지 상황이 인도하는 대로, 외국에서 세례를 받고 신앙인으로 삶을 마감하셨다. 조용한 곳을 좋아하고 논리적으로 자신만의 색깔을 가지셨으며, 끝까지 탐구하셨고 스스로의 생각을 정립하셨다. 말년에는 암을 상대로 끝까지 싸우시면서 집필 활동을 끝까지 하셨다.

노벨 문학상 수상자인 헤르만 헤세 역시 독서를 좋아했다. 또한 자신이 좋아하는 책을 모으면서 책과 자신과의 각별한 추억, 의미를 되새겼다. 나에게 맞고 의미가 있는 책들이 있고 나의 감정을 살게 하고 평온, 희망과 용기를 주는 책들이 있다.

나태주 시인은 충남 아산에서 교장으로 은퇴하시고, '꽃을 보듯 너를 본다', '너는 나에게'로 유명한 분이다. 인생에서 걷기, 버스나 택시를 이용하면서 자동차 운전 없이 사셨다. 자연을 늘 느끼며 걷고 교감했으며, 시인으로서 필요한 결핍, 고독과 외로움, 깨어 있는 감성을 가지고 계신다. 나태주, "오래 보아야 예쁘다. 너도 그렇다", 한아롱, (2015)을 통해서 서정적인 감성이 살아난다. 나의 영혼이 치유됨을 느낀다. 나는 그의 시집 중 16권을 보유하고 있으며 필요할 때 언제든 읽고자 서재에 두었다. 그분의 시와 삶에서 간접적으로 좋은 영향과 기운을 받고 소탈함과 따뜻함을 느낀다. 나태주 시인도 고(古) 이어령 작가를 존경한다고 하셨다.

이해인 수녀님의 책들도 큰 위로가 된다. 1964년 성 베네딕도 수녀회에 입회하고 1976년에 종신서원을 하셨으며 과거에 필리핀에서 영문학을 공부하셨다. 그분이 쓰신 이해인, "작은 기도", 열림원, (2011).

이해인, "이해인의 햇빛일기", 열림원, (2023) 시집이 위로가 된다. 70대 후반의 연세이신 수녀님 역시 항암 투병 중으로 건강이 예전보다 어렵다는 것을 책을 통해 접했다. 질병 속에서도 자신을 지키면서 아름답게 사시는 것을 보며 영혼의 치유, 회복, 안식을 느낀다.

엘리자베스 퀴블러 로스, "상실수업", 인빅투스, (2014)에서 인생에서의 큰 슬픔, 절망과 고난에 대한 사례를 다양하게 본다. 다양한 상실의 슬픔과 고통에 대한 연습과 참조를 한다. 동병상련(同病相憐)의 일부 감정이 살아난다. "세상에 나만 그렇게 불행했던 게 아니구나" 하며 위로가 되기도 한다. 언니의 사망, 그를 통한 상처와 고통을 감내하는 대응 방식을 본다. 어떤 큰 일을 당했을 때, 그 감정을 숨기거나 풀지 않으면 문제가 된다. 당장에는 괜찮더라도 그것이 쌓였다가 어느 순간 쏟아져 나오게 된다. 혹은 몸의 이상 증상으로 나타나기도 한다.

성경에 나오는 욥의 고난에서, 그는 모든 재산과 7남 3녀의 모든 자녀를 한 번에 잃는다. 형 집에서 잔치를 하다가 집이 무너져 버린 것이다. 온 몸에는 병이 들어 피부가 견딜 수 없이 가렵고 고름이 나왔으며 피부가 검게 타서 떨어져 나갔다. 그가 가진 많은 재산도 하루아침에 잃었다. 양 7,000마리, 약대 3,000마리, 소 500마리, 암나귀 500마리, 그리고 종들도 많았는데 역시 다 잃게 된 것이다. 스바 사람, 갈대아 사람이 다 약탈해 간 것이다. 즉 그는 자녀, 재산, 건강 모두를 잃었다. 아내는 당신이 그가 믿는 하나님을 저주하고 자살하라고 이야기하고 그를 떠났다. 욥을 찾아온 친구 세 명은 그를 이해하지 못했다. 친구들은 욥에게 "하나님께 죄를 고백하고 용서를 받으라"라고 권면했지만 욥은 자신은 죄가 없다고 항변했다. 친구들과 결국 논쟁을 벌이면서도 그는 하나님을 신뢰하였다. 욥이 고난 후의 속마음을 털어 놓고 나서, 하나님이 그에게 나타났다. 그 때 욥은 자기 중심적인 사고, 교만한 마음을 반성하고 회개했다. 그 이후에 욥은 하나님께 다시 축복을 받았다. 두 배의 재산과 열 명의 자녀를 다시 주셨고 건강과 장수의 복도 주셨다.

김승호, "김밥 파는 CEO", 황금사자, (2011). "사장학개론", 스노우폭스북스, (2023)는 나름 사장들에게 꽤 알려진 유명 저서로 알고 있다. 저자인 김승호 회장은 혈혈단신 미국으로 건너가서 사업을 하면서 총 7번의 실패를 했다. 그리고 마침내 도시락 회사로 성공 신화를 만들었다. 경제적인 불안정, 미래의 불확실성에 대한 불안을 넘어서는 과정에서 고난과 심적 부담은 엄청났을 것이다. 그는 "세상에서 가장 용기 있는 자는 세 가지 능력을 가지고 있다고 말한다. 도움을 청하고, 질문을 하고, 견해를 바꾸는 것이다."라고 했다.

천재 발명가 토마스 에디슨은 "나는 실패한 것이 아니라, 1,000가지 방법을 찾은 것뿐이다."라고 말했다. 즉 그의 천재성과 탁월함의 근본에는 세상의 시각과 평가와는 다른 자신만의 철학과 도전이 있었던 것이다. 1,000번을 시도한다는 것 자체가 참으로 대단하며 두세 번, 세네 번 시도하고 포기하는 나를 돌아보게 한다.

애플의 창업자이자, 이 시대 가장 창조적인 천재 스티브 잡스는 어릴 때 부모로부터 버림받은 상처가 있다. 양부모 아래에서 자라면서 버림받은 상처를 견디며 산 것이다. 또한 1985년에 자신이 만든 애플에서 해고된 적이 있었다. 그 이후 큰 성공을 거둔 후에 2004년에 췌장암 수술까지 겪으며 말 그대로 롤러코스터같이 많은 일이 있는 삶을 보내고 비교적 짧은 생애를 마감했다.

15세기 천재였던 레오나르도 다빈치는 다양한 분야에서 업적을 남겼다. 인체 해부, 무기 발명, 화가, 비행기 연구, 도시 계획, 요리, 음악 등 다양한 분야에서 뛰어났다. 그는 말 타기도 잘하고 체격도 좋았다고 전해진다. 그도 여느 작가나 시인처럼 고요한 숲 속의 산책을 즐겼다고 한다. 같은 인간으로서 이런 천재적이고 유능한 사람을 찾기는 쉽지 않을 것이다. 그런 그 역시 큰 상처와 고난을 겪게 된다. 1476년 4월 피렌체 시청사인 시뇨리아궁으로 투서가 왔다. 17세 남창과 동성애 관계를 가진 고객을 고발했는데, 그중에 레오나르도 다빈치가 있었던 것이다. 그는 취조를 받고 법정에서 중형이 선고되었지만 다행히 도움을 받아 불기소 처분으로 풀려났다. 그러나 그 '동성애 사건'을 계기로 그는 마음의 큰 상처를 받았고 결국 평생 독신으로 살았다. 혹자는 그가 그 사건을 계기로 자신의 열정을 모두 연구에 쏟았을 것이라고 예상한다.

세계적인 화가 파블로 피카소는 '아비뇽의 처녀들', '게르니카' 등 대표작이 있다. '게르니카'는 나치 독일 공군의 폭력으로 학살당한 게르니카 사건을 고발한 작품이다. 스페인 말라가에서 태어나 프랑스에서 미술 활동을 하면서 그는 1만 3,500개의 그림과 700개 넘는 조각 작품을 남겼다. 프랑스에서는 사회주의자로 분류되어 시민권을 갖지는 못했지만 예술가로서 성공했다. 린다 마르티네즈 루이, "왜 그 사람은 자기밖에 모를까", 수린재, (2011)에 따르면 그는 중증 자기도취자였다고 한다. 만성적인 거짓말, 가학적 성애, 복수의 형태로 타인에게 폭력적인 사람이었다고 한다. 정식 결혼으로 맺어진 올가와 자크린, 네 명의 자녀가 있었지만 가족들이 모두 불행했다고 전해진다. 20세기 천재적인 미술가였지만, 그의 주변에 많은 상처를 남긴 것이다.

Story 6.
상처를 위로하기 위한 마음가짐

기본 마음의 재(再)세팅

인생에서 고난은 삶의 일부라는 것을 기본 전제로 한다. 즉 고난은 누구에게나 언제든지 찾아올 수 있다. 물론 나에게만큼은 고난이 적게 혹은 천천히 왔다가 빨리 지나갔으면 하고 누구나 바란다. 그렇지만 삶이 그렇게 단순하지 않다. 언제든지 고난이라는 게 찾아올 수 있음을 차라리 받아들이자. 그리고 미리 연습하고 대비하자. 상처, 고난, 슬픔이 왔을 때 어떻게 해야 하는지 책을 통해 미리 알아보는 것도 방법이다.

우리의 삶에서 대부분의 일은 절반도 뜻대로 되지 않는다. 사실은 대략 5~10%라도 뜻대로 된다면, 정말 대단한 것이다. 그것을 디폴트로 인정하자. 또한 우리는 가족, 친구를 포함한 많은 사람들을 회사, 학교 등에서 만난다. 공통의 관심사나 이해관계로 여러 사람을 만나지만 모든 사람과 잘 지낼 수는 없다. 또 모든 사람에게 내가 좋은 사람으로 보일 수도 없다. 그것을 인정하자. 누구에게나 좋아 보이는 천사 역할을 하다가 자신이 방전(Burnout)될 수도 있다.

아리스토텔레스도 "모든 주변 사람과 다 우정을 나누려 시도하다가 모든 사람을 다 놓쳐버릴 수 있다."라고 이미 오래 전에 조언해 주었다. 일부 인원들, 꼭 필요한 소수와 친밀하게 교류해도 괜찮은 것이다. 또한 우리 모두는 누구도 완전하지 않다. 즉 사람은 누구나 지식, 능력과 경험의 한계가 있다. 실수할 수 있고 부족할 수 있음을 인정하자.

고(古) 이어령 작가처럼 평생 자기 계발을 소홀히 하지 않고 노력하는 삶이 가치 있는 것이다. 우리는 사람마다 가치와 우선순위가 다름을 인정해야 한다. 모두가 알고 있는 상식적이고 공통적인 부분은 있지만 다양한 의견도 있다는 것을 받아들여야 한다. 마지막으로 우리는 자기만의 고독한 생각의 시간이 필요하다. 그 시간 동안 운동하고 생각을 정리하며 깊이를 갖게 된다. 이러한 것들이 모두 우리가 상처를 위로받기 위해 필요한 기본 세팅이다.

그릿(Grit)과 퀴팅(Quitting)의 공존

우리는 한 조직에서 짧게는 몇 년, 길게는 십년 이상 직장 생활을 하기도 한다. 과거의 평생 직장 개념이 없어진 지 오래되었다. 다만 새로운 변화에 적응하기란 늘 어렵기에 가능하면 한곳에서 어려움을 참고 견디라고 조언을 받기도 한다. 심리학자 앤젤라 더크워스(Angela Duckworth)는 '그릿(Grit)'을 장기 목표에 대한 인내와 열정으로 정의한다. 어찌 보면 맷집을 갖는 정신이기도 하다. 또, '퀴팅(Quitting)'은 인생은 짧으니 하기 싫은 것은 빨리 그만두고 새 일, 자신이 원하는 것을 찾으라는 개념이다. 필자가 생각하는 그릿(Grit)과 퀴팅(Quitting)의 공존에 대해서 적어본다.

구마가이 마사토시, "꿈을 이루어 주는 한 권의 수첩", 북폴리오,

(2004)라는 책이 있다. 출간된 지는 꽤 오래되었지만 읽어볼 만한 책이다. 최근 국내에서 잘 알려진 R=VD(Realization=Vivid Dream)와도 연결된다. 생각하는 꿈을 종이에 적어 놓고 실천, 도전하여 이뤄낸다는 것이다. 그는 어떤 계기로 자신의 꿈을 나이(연도) 순으로 노트에 구체적으로 적어 놓았고 거기에 맞추어 도전했다. 거기에는 자신이 회사를 만들어 성장시킨다는 계획도 있었다. 시간이 흐르고 보니 그때 적어 두었던 대부분의 내용을 달성했다고 한다.

다카다 히카루, "쓰지 않으면 아이디어는 사라진다", 포텐업, (2024)에는 아이디어를 메모하고 최고로 활용하는 다양한 사례가 나온다. 4050 세대를 포함한 사람들에게 한동안 그릿(Grit), 즉 굳건하게 버티기는 미덕으로 여겨져왔다. 어떤 일을 하든지 일정 기간 꼭 버텨내라는 어른들의 말씀, 세상의 상식적인 생각이었다. 그래서 '어려워도 참는다'가 미덕이 되곤 했다. 긍정적 측면으로는 구성원들이 버텨낼수록 실력이 늘어나고 이탈이 적어지며, 결과적으로 조직이 안정화된다는 것이다. 부정적 측면으로는 지구력, 인내력, 실력이 부족한 이들이 버티다가 번아웃이 오게 되고 일부는 패배자로서 인식되며, 심지어 소수는 극단적인 선택을 하게 된다는 것이다.

4050 세대를 살아온 내가 느끼기에 몇십 년간 그릿(Grit)이 대세였다. 한 직장을 들어가서 몇십 년을 다니다가 은퇴하거나 기껏해야 한 번

정도 이직을 하는 정도였다. 하지만 이젠 세상이 바뀌었다. 종신 고용이 사라진 지 오래다. 빠르게 공유되는 정보, AI와 같은 인간을 대체하는 기술이 우리를 엄습한다. 전문직은 여전히 고연봉을 받는다고 하지만 이제 그 영역도 신기술, AI가 대체하기 시작했다. 좋은 대학교 나와서 그럴 듯한 회사의 직원이나 전문직 종사자가 되어 평생 잘 먹고 잘 사는 시대는 지나간 것이다. 무한 경쟁, 다양한 방법론의 시대에 살고 있다. 이제 더 이상 그릿(Grit), 버티기만이 최상의 방법이 아니다.

줄리아 켈러, "퀴팅(Quitting)", 교보문고, (2024)은 이러한 소재를 다룬다. 어려운 공부를 하다가 도저히 못 견디고 한계가 온 주인공의 이야기이다. 저자는 가족이나 친구, 세상의 눈으로는 '네가 그것을 못 버티고 포기하면 안 되지', '무조건 버티고 살아남아야지'와 같이 볼 수도 있다는 심적 두려움을 느꼈다. 웨스트버지니아 영문학 박사 학위 과정 중 저자는 포기하고 싶었다. 버티다가 용기를 내어 아버지에게 도저히 못하겠다고, 이렇게 더 하다가는 자신을 잃는 한계에 다다를 것 같다고 이야기한 것이다. 걱정과 달리 아버지는 딸의 마음을 이해해 줬다. 그래서 저자는 그 학위 과정을 포기했고 혼자만의 시간을 갖고 세상과 동떨어져서 '중도 포기'한 자신을 감췄다. 한동안 세상의 눈을 피해 그저 자신이 할 수 있는 일들을 하고 글을 쓰며 자신의 방법으로 인정받기 시작했다. 그 결과 퓰리처상까지 받았다. 저자는 그릿(Grit)이 이제 능사는 아니며 퀴팅(Quitting), 그만두기도 필요하다고 말한다. 자연의 순리에 따라 동물들도 먹이를 찾아 도전할 때, 한두 번 하고 나서 안 되면 포기한다고 한다. 그리고 다른 기회를 또 찾는 것이다.

인간만이 유독 그동안 그릿(Grit)의 방법을 인정해왔다는 것이다. 아직까지도 60-70% 이상의 사람들은 그렇게 살고 있을지도 모른다. 용기를 내어 퀴팅(Quitting), 즉 그만두기를 해야 한다. 더 잘못되거나 좌절하기 전에 말이다. 퀴팅(Quitting)이 영원한 그만두기는 아니다. 또 다른 가능하고 자신이 잘 하는 것, 좋아하는 것을 찾아서 도전해 가는 것을 뜻한다. 그릿(Grit)과 퀴팅(Quitting) 사이에서 균형을 맞추어 상황에 맞게 판단하는 것이 필요하다.

필자 역시 인생에서 몇 번의 퀴팅(Quitting)을 했다. 도전에 대한 관심은 안에 늘 살아 있다. 그것으로 새롭게 도전하되 일정 기간 그릿(Grit)을 유지하려고 한다. 인생에서 자신을 지키기 위해서는 그릿(Grit)과 퀴팅(Quitting)의 조화가 필요하다. 열정적인 것은 좋으나 너무 무리를 하면 몸에 탈이 난다. 감정과 에너지를 너무 참거나 소모하면 몸에 누적이 된다. 지나치면 좋을 게 없다는 게 중년의 나이에서 더 느껴지는 바이다.

회복 탄력성과 자기 효능감

우리 마음의 건강과 행복을 유지하기 위해서는 회복 탄력성과 자기 효능감 확보가 중요하다. 우리는 평범하고 안정된 생활을 추구하는 경향이 있다. 도전, 변화는 그만큼 불안정으로 이끌 확률이 크기 때문이다. 어려움과 힘든 시간 뒤에 원래 대로 돌아온다는 '회복'과 역경을 버텨내고 다시 튀어 오르는 '탄력성'이 합쳐진 것이 회복 탄력성이다. 마치 용수철이 늘어졌다가 튀어 오르는 것이 연상되기도 한다. 비즈니스 환경이 계속 변화하는 무한 경쟁의 시대에서 개인 사업을 운영하거나 기업을 경영하는 사업가 중에 고난과 시련이 없는 사람은 없다.

개인적인 가치관에 따라 다르지만, 한곳에서 안정된 생활만 하면서 평생을 버티며 살기는 쉽지 않다. 다윈처럼 유산이 많아서 따로 일할 필요가 없고 지적 탐구력과 열정, 재능이 있어 후세에 이름을 남기는 기회를 갖는 것이 상대적으로 용이할 수도 있겠다. 다만 대체로 평범한 우리에게 그것은 쉽지 않다. 즉 원하든 원하지 않든, 내가 선택하든 등에 떠밀려 하든, 언제고 우리는 도전과 변화를 거쳐 고난과 시련의 세계로 진입한다. 그로부터 어려움을 겪고 적응과 새로운 안정을 찾기까지 힘겨운 시간을 보내게 된다.

일만 시간의 법칙, 66일 습관의 법칙의 개념을 떠나서 새로운 환경에 적응하기란 쉽지 않다. 특히 복잡 다양한 인간관계에 적응하는 것이

녹록하지 않다. 더욱이 이미 세상의 이치를 스스로 깨우친 상태의 4050 세대는 자신의 주관이 뚜렷하기에 새롭게 다른 조직, 구성원, 파트너들과 잘 지내기 쉽지 않다. 그것이 자연의 이치이다. 그래서 많은 사람들이 변화보다는 일단 버티기인 그릿(Grit), 안정적인 현 상태 유지를 선호하는 것이다.

변화를 맞이한 초반에는 적응이 어렵거나 만족할 만한 결과가 나오기는 쉽지 않다. 그럴 때 우리는 높은 회복 탄력성이 필요하다. 내 안의 긍정적인 가치를 믿고 자신을 통제하는 능력이 우수한 사람은 상대적으로 낫다. 내 안에서 문제와 방향을 찾고 독려하기 때문이다. 타인을 탓하고 원망하고 비방하는 것은 결국 자신의 에너지 소모일 뿐이다. 인생은 외롭고 고독한 것임을 인정하자. 누가 나를 다 알아주지 않아도 스스로 묵묵히 인정하자. 중년 세대인 스스로를 이해해 주고 토닥토닥 다독이자. 우수한 회복 탄력성을 가지고 자신의 원래 상태로 잘 회복하자.

"어쩌면 우리가 겪는 모든 고통은 타인들도 다 겪는 것이다", "우리는 부족한 게 많다고 하지만, 사실 우리는 필요한 대부분을 가지고 있다"라는 혹자의 의견이 오늘 더 가슴에 와 닿는다. 그렇게 자신을 잘 회복하고 '나는 이런 부분에서, 혹은 누군가에게 꼭 필요한 사람이구나' 하는 자기 효능감을 가져본다. "적어도 나는 내가 키우고 산책시켜 주고 돌봐 주는 애완견에게 꼭 필요한 사람 중 하나이다.", "나는 우리 가족에게 꼭 필요하다.", "나는 내가 물 갈아주고 먹이주는 거북이에게도 도움이 된다.", "나는 오타니 쇼헤이를 닮고 배워서 길가나 단지의 쓰레기를 줍곤 한다."

"나는 사회에도 나름 도움이 되고 필요한 사람이다.", "나는 어려운 아이들에게 도움을 과거에 몇 년간 준 적이 있다. 나름 나는 효능감이 있다.", "나는 누군가 힘들어 할 때 이야기를 들어주고 위로해 준 적이 있다.", "나는 내가 몇 번의 큰 고통을 겪어봐서, 나름 공감 능력이 괜찮은 부분도 있는 것 같다.", "어떤 것에 같이 공감해서 이야기를 잘 들어줄 때가 있다. 그때는 나의 효능감도 괜찮다." 이런 식으로 오늘 스스로 자기 효능감을 찾아본다. 이미 인생의 절반을 살았다고 하더라도 하루하루 긍정과 내적 치유, 내적 발견을 기반으로 노력하자.

고통과 어려움 앞에서 담대하게 대하고, 회복 탄력성을 우수하게 유지하자. "나는 할 수 있다. 우리는 모두 쓸모 있는 존재다. 나는 소중하다."라는 생각으로 자기 효능감도 잘 갖도록 한다. 스스로 위로와 격려를 보내자. 이 글을 읽는 분들이 공감하는 내용이 되길 바란다. 누군가 그토록 바라던 소중한 하루가 오늘이다. 고되더라도 기죽지 마시고 오늘도 행복하시길 바란다.

나의 현재 마음가짐

오늘도 어김없이 30-40분의 아침 산책을 했다. 며칠 동안 잠을 참 잘 잤다. 혈액 순환, 소화 개선, 기분 전환 등 전반적으로 몸 상태가 좋은 듯했다. 1년 반 전부터 나는 다이어트를 위해 식단 개선을 해서 살을 약 7kg 빼고 적정 체중을 유지해왔다. 매일 걷기 1시간 정도, 근력 운동, 책 읽기를 실시했고 약 6개월 전부터는 TV를 아예 끊고 음악 감상, 책 읽기, 글쓰기에 전념했었다.

과거 여의도나 해외에서 직장 생활을 할 때는 가끔 목 뻐근함이 있었다. 일을 많이 하고 운동이 부족하다 보니 소화 불량이 심해 위벽이 헐기도 해서 약을 먹었다. 앉아서 오랜 시간 동안 자료를 만드느라 몇 년 사이에 살이 많이 찌기도 했었다. 물론 당시에는 경제적으로 안정되고, 다른 생각을 할 틈이 없었다. 사회적으로 비춰지는 모습과 가족의 만족도는 다 좋아 보였다. 다만 나는 좀 힘들었다. 그보다 좀 더 규모가 축소된 회사를 다닐 때는 달랐다. 완제품보다 세일즈, 마케팅 업무에서 할 일이 적었다. 그러니 여유 시간이 더 많았다. 업무의 스트레스 레벨이 대기업보다 낮았다. 연봉이 좀 낮아졌지만 큰 문제는 없었다. 업무적인 만족도 부분은 퇴근 후 개인적인 자기 계발과 독서, 여가 생활로 풀 수 있었다. 이렇듯 늘 경제적인 것과 나만의 자유시간 비율이 중요하다. 공자 시대에서 50세이면 하늘의 뜻을 아는 지천명(知天命)이다. 세상의 돌아감과 이치, 순리와 하늘의 뜻을 조금은 알게 된 것이다.

멈춤과 쉼의 시간

해 뜨는 시간이 늦어지는 동절기에 가능한 한 알람을 쓰지 않고 과거 조상들이 했던 대로 자연의 변화에 맞게 따라본다. 일정한 시간에 잠자리에 드니 아침에 자연스럽게 깬다. 동트기 전 아침마다 근처 공원에 가고 있다. 박동창, "맨발 걷기의 첫걸음", 국일미디어, (2023)을 읽은 이후로 기회가 될 때 꼭 해 본다. 건강에 도움이 되고 정서에도 도움이 되는 것 같다. 최근에는 슬로우 러닝에도 관심이 생겼다. 지인 중에 마라톤을 하는 분 이야기를 들었었다. 관심은 있었지만 조금 해 보니 쉽지 않아 포기했었다. 걷기는 날마다 하고 있었는데 뛰기는 쉽지 않았기 때문이다. 천천히 뛰기는 걷기와 뛰기 사이 경계에 있다. 그리고 김성우, "30일 5분 달리기", 에이치비 프레스, (2021)을 보고 자신감이 붙었다. 1초 3걸음 뛰기 식으로 코로 숨쉬면서 몇 분을 달리는 것이다. 걷기나 천천히 뛰기를 하면서 많은 생각들이 정리된다. 복잡한 실타래가 한 개씩 풀려나간다. 사물이나 이슈에서 한 발짝 뒤로 물러나게 된다. 기존의 주관적, 감정적인 모습에서 벗어날 수 있다. 다소 중립적, 상식적인 수준에서 다시 생각하게 된다.

50대 초반 지천명(知天命)의 나이에 돌아보니 부끄럽게도 하늘의 뜻을 생각하지 못하고 산 시간도 많은 듯하다. 몇 주간의 멈춤과 쉼이 재충전할 좋은 시간을 주었다. 노자가 말한 대로, 물의 순리대로 맡겨본다. 물은 한 곳이 막히면 돌아서 간다. 약한 것 같지만 바위도 뚫고 지나간다.

결국은 순리대로 진행되는 점을 배운다. "인생의 가장 큰 영광은 결코 넘어지지 않는 데 있는 것이 아니라 넘어질 때마다 일어서는 데 있다"는 고(古) 넬슨 만델라 대통령 명언을 되새겨본다. 4050 세대의 인생을 살면서 여러 번의 아픔을 겪었다. 누군가처럼 말이다. 그 종류와 형태, 고통의 정도만 달랐을 뿐이다. 하지만 그것을 받아들이는 '성숙한 자아기제', 고통에 대한 반응은 선택적인 부분이 있음을 최근 더 느낀다.

법륜, "인생수업", 휴, (2013)와 법륜, "행복", 나무의 마음, (2016)은 잘 알려져 있다. 작가인 법륜스님의 고통에 대한 말씀이 있다. "살다 보면 기쁘고 즐거울 때도 있고 슬프고 괴로울 때도 있다. 우리가 고통스러운 순간에도 좌절하거나 낙심하지 않는 것은 즐거움과 기쁨에는 깊이가 없지만 고통에는 깊이가 있기 때문이다." 우리가 선택한 모든 순간이 모인 것이 우리의 인생이다. 어떤 선택을 하기 전에 망설이는 것은 그 결과를 책임지기가 부담스럽기 때문일 수도 있다. 그래도 한번의 인생인데, 끌려 다니지 말고 스스로 선택하면서 살아보자. 그래야 삶의 마지막에 그나마 후회를 덜할 것이다.

조지 베일런트, "행복의 조건", 프론티어, (2010, 이덕남 옮김)에서의 사례대로, 47세 전후를 기준으로 노년의 인간관계가 좌우된다는 통계가 있다. 또한 50세 이전에 우울증을 경험한 사람은 70~80세 때에도 불행하다고 느낄 확률이 상대적으로 매우 크다. 즉, 똑같은 사안도 긍정적으로 보고 극복하는 것이 좋다. 또한 고통을 고통으로만 받아들이지 말고, 경험, 계기, 다른 희망의 메시지를 찾아야 한다.

Story 7.
상처를 위로하는 행동과 실천 방법

자신이 좋아하는 것, 원하는 것, 꿈을 적어보기

야스민 카르발하이로, "자기회복력", 가나, (2022, 한윤진 옮김)에서 저자는 일상에서 안정감을 선사할 루틴을 정하라고 조언한다. 또한 "가짜 나를 흘려보내고 진짜의 나와 접촉하라."라고 디톡스를 표현한다. 즉 나 자신을 조금이라도 느긋하게 내려놓고 가슴이 시키는 대로 하라는 것이다. 이는 나 자신을 소중하게 찾아가는 것과 연결이 된다. 상처 난 자신을 위로하려면, 먼저 내가 좋아하는 것, 원하는 것을 적어본다. 또 나의 꿈이 무엇인가 생각해 본다.

필자 같은 경우에는 독서, 걷는 운동과 슬로우 러닝을 좋아한다. 그래서 날마다 가능하면 짧게라도 좋아하는 것을 하려고 시도한다. 기상 이후 틈틈이 3분, 5분 독서를 시도하고 하루에 총 1-2시간 이상 독서를 하기로 한다. 걷는 것도 아침 기상 후 출근 전에 날마다 실행한다. 걷다가 뛰면서 무리가 가지 않게 기분 좋을 정도로 한다. 또 축구 경기를 좋아해서 프로 축구, 월드컵 관련 경기를 잠깐씩 본다. 가끔 주말에 예약해서 아이와 축구장에 가기도 한다. 바라는 게 있다면 국내외 영업 전문가로서 자리매김하고 책 출간 및 사회봉사 참여를 50대에 달성하고자 한다. 그래서 독서와 글쓰기를 실행 중이다. 한 달에 한 번 할 수 있는 무료 봉사와 재능 기부 등도 찾고 있다. 꿈은 좋은 어른이 되는 것, 떳떳한 아빠가 되는 것 그리고 사회에 뭔가 작게라도 기여하는 것, 가족과 어머니와 시간 보내는 것 등이다.

어떻게 하면 50대 이후에 괜찮은 어른이 될 수 있을지 자주 생각했다. 계속 생각하고 준비하면 점차 구체적인 방향이 설정되리라 본다. 그리고 아빠로서 더 노력하려고 아이와 대화를 많이 하고 있다. 평일이 어려우면 주말에라도 같이 여행하거나 취미를 함께하고 있다. 친구 같은 부자지간이 되고자 노력 중이다. 사춘기가 온 아이와 친구처럼 자연스럽게 고민을 나누는 사이가 되도록 해 볼 것이다. 그리고 출근 시간, 바쁜 근무 일정을 고려하여 시간을 내어 지역 사회에 기여할 것을 찾고 있다. 우선 상처받은 분들에게 위로를 주는 책을 내고 싶다. 젊은이들에게 도움이 되는 책이나 활동도 기회가 되면 하려 한다. 영어 회화나 해외 사업에 대한 조언을 할 수도 있을 것이다. 그리고 25년의 직장 생활로 바빴기에 아내와 시간을 좀 더 보내고 싶다. 공통의 취미나 관심사를 더 만들고 50대 이후의 관계를 더 잘 만들어나가고 싶다. 80대 중반의 노모께도 더 자주 찾아뵙고 여생 동안 행복을 드리는 자녀가 되고자 한다. 나만의 속도, 템포로 뛸 때 비로소 행복하기 때문이다. 각자의 숨과 속도로 가면 된다. 자신이 원하고 바라고 꿈꾸는 것을 적어 보면 신기하게도 그대로 달성이 되곤 한다.

복잡한 일상을 단순화하기

상처를 치유하고 행복하려면 단순화가 필요하다. 먼저 복잡하고 불필요한 인간관계를 줄이는 것이다. 정서적인 공감과 깊은 교류를 할 수 있는 꼭 필요한 인원 몇 명이면 충분하다. 번잡하고 복잡한 인간관계를 유지하려다가 오히려 삶이 피곤하거나 혼란스러워질 수도 있다. 그리고 복잡한 생각을 단순화하기로 한다. 나폴레옹은 "자신의 감정을 통제하는 사람이 성을 함락하는 장군보다도 위대하다."라고 했다. 로마제국 율리우스 카이사르는 "인생 최대의 적은 바로 나 자신"이라고 말했다. 이처럼 자신의 감정과 마음을 다스리는 일이 중요하다. 그것을 위해서는 생각과 사람 관계를 단순화해야 한다. 또한 불필요하게 보내는 시간, 가지고 있는 것들, 감정 소모를 하는 것들을 줄이거나 버려야 한다. 그렇게 간소화하고 단순화해야 나의 일상 자체가 행복에 더 가까워진다.

주로 오늘 일만 생각하고 있다. 생각도 심플하게 표현하고 정리하는 것으로 방향을 맞추고 노력하고 있다. 그렇게 하니 잠도 더 잘 오고 달고 살았던 두통도 사라진 지 오래되었다. 이런 습관은 40대 중반부터 몇 년간 약 1,200권 정도의 책을 읽으면서 현인들의 공통적인 조언을 종합하여 적용하기 시작한 것이다. 나는 40년 인생을 살면서 단순화하는 데에는 서툴렀다. 그렇기에 앞으로 더욱 노력할 것이다. 쭉 적어 놓고 필요 없는 것들을 지우고 몇 개만 남기는 훈련을 하고 있다. 또한 일어나지 않는 일, 통제가 불가능한 일 등 약 90% 이상에 집착하지 않기로 마음먹었다. 그 시간에 독서를 하며 깊은 사고력을 키우려 노력 중이다. 이 글을 읽는 여러분들도 동참해 보고 숙면과 안정감을 유지하시기 바란다.

버리고 줄이고 내려놓기

어머니 표현에 의하면 나는 학창 시절부터 조용하고 무슨 일이 있으면 꽁하게 지냈다고 한다. 즉 표현하고 풀기보다 마음에 한동안 두고 삐쳐서 지내는 모습이 있었다고 한다. 최근 80대 중반의 어머니와 드라이브를 갔다가 들은 이야기이다. 내 생각에는 집안의 장남인 여섯 살 위 형에게는 상대도 되지 않았고, 세 살 터울인 누이도 늘 나보다 크고 성숙했으니 나는 집에서 막내로서 늘 밀리는 입장이었다. 그저 마당의 강아지 '쪼니'나 염소, 토끼 밥으로 씀바귀, 클러버, 무우 단을 먹이로 주기도 하면서 시간을 보냈던 것 같다. 말을 해 봤자 본전도 못 찾거나 "쪼그만 막내가 뭘 알겠냐"며 끼워주지 않을 것이라 생각했고 반복 학습의 결과이기도 했다. 내가 봐도 나는 좀 마음에 담아두는 습관을 오래 지녔던 것 같다. 그런데 무언가 마음에 계속 두기만 하니 피곤했고 머리도 복잡했다. 뭔가 단순하고 경쾌하고 감정 표현이 분명한 사람들이 부럽기도 했다.

40대 초반까지 그렇게 보냈다. 어쩌면 최근까지도 그랬을 수 있다. 그럼에도 반복된 독서와 글쓰기를 통해 글로 적어보니 많은 것들이 별것 아닌 것처럼 여겨졌다. 마인드 컨트롤, 클래식 감상, 걷고 뛰고 햇볕 쬐기를 반복하다 보니 몸이 복잡한 것을 점점 밀어내는 듯했다. 맨발 걷기도 도움이 되었다. 부담되는 것과 욕심과 욕망을 많이 내려 놓거나 잊기로 했더니 마음이 한결 가볍다. 쇼펜하우어는 "인간은 욕망의 지배를 받으므로, 욕망이 충족되지 않으면 고통받는다."라고 했다. 나도 돈에 대한 욕망, 출세와 자리에 대한 욕망, 좋은 차와 옷에 대한 욕망을 내려놓았다. 비교를 하지 않고 욕심을 내려놓으니 작은 것에 행복하다. 감정을 흘려보내는 것도 필요하다. 아프고 힘든 것, 괴롭고 고통스러운 것을 밖으로 보내는 것이다. 계속 가지고 있으면 병이 된다.

리처든 칼슨, "행복에 목숨 걸지 마라", 한국경제신문사, (2010), 크리스 코트먼, 해롤드 시니츠키, "감정을 선택하라" 유노북스, (2016, 곽성혜 옮김)에서도 조언한다. 힘들고 슬픈 감정을 감추지 말고 내보내야 한다. 나로부터 지나갈 수 있도록 내보내야 한다. 또한 불필요한 감정 소모가 되지 않도록 특별 관리를 하면 좋다. 나만의 고요한 생각이 자신만의 가치, 사고의 틀을 형성하는 데 도움을 준다. 그래서 생각하는 시간을 아침, 저녁으로 확보하고자 노력 중이다. 아침에는 약 30-40분의 산책과 운동을 하면서 한 주제로 생각을 한다. 그것이 가끔 부담되는 날은 경쾌한 음악으로 리프레시한다. 출세해서 아직 잘 나가는 옛 동료들과 나 스스로를 굳이 비교하지만 않는 한, 나는 매우 행복하다. 타인에게 인정과 보상을 기대하는 마음과 외부 의존도를 줄이고 나서 더 마음이 편하고 강해진 것 같다. 그리고 덜 중요한 것, 덜 급한 것, 걱정해도 바뀌지 않는 것은 최대한 고려하지 않는다.

고(古) 신영복 작가나 김영하 작가의 조언대로, 70%의 에너지만 써도 벅차다. 하루가 바쁘고 즐겁다. 그런데 덜 중요한 것에 남은 에너지를 쓰면서 살고 싶지 않다. 행복한 것, 좋은 것, 의미 있는 것에 그 잔량의 시간, 열정과 에너지를 사용하고 싶다. 요즘엔 그 남은 에너지를 책 쓰기와 책 읽기, 행복한 상상하기 등에 쓴다.

과거의 기억 잊기

중국 명나라 말기 홍자성의 어록인 채근담에서는 "마음이 평안하고 고요한 사람에게 백 가지 복이 온다."라고 말한다. 또한 혹자는 '나쁜 것을 잊는 것은 최고의 지혜'라고 표현하기도 한다. 과거의 깊은 상처나 나쁜 기억은 일정 시간 후에 기억에서 지워버려야 한다. 마음에 계속 둔다면 병이 될 수 있다. 또한 그 스트레스가 몸에 영향을 미친다. 우리의 감정과 몸은 밀접하게 연결되어 있기 때문이다.

나 역시 과거의 나쁜 기억, 트라우마, 상처, 좌절감을 많이 잊었다. 남은 것은 어떠한 형태로든 털어내고 있다. 기억에서 가물가물하도록 노력한다. 혹은 생각의 접근 방법을 달리해서 그 사건이 긍정적인 영향을 미친 부분을 부각해서 새롭게 재정립하여 기억하려 한다. 물론 중요도, 비중을 줄여서 말이다. 그 사건에 대해서 트라우마를 버리고, 무던해지고 의연해지려는 노력인 것이다. 그 시간에 더 의미가 크고 좋아하고 가치 있는 것으로 대체하고 싶다. 그러한 과거를 잊고 현재에 충실하려 한다. 미래를 너무 걱정하지 않기로 한다. 현재를 열심히 살면, 미래에는 또 다른 해법들이 꾸준하게 나올 것이다. 나의 하고자 하는 의지, 평소에 다져진 꾸준함과 체력, 적극성과 사고 능력이 합쳐진다면 못할 것도 없을 것이다. 이런 사고를 연습하다 보니 아직 완벽하지는 않지만 몇 년 전보다 상처나 불행, 비상식적인 사안을 대하는 나의 충격 정도나 대응 방식이 한결 안정적이다. 또한 의연하기도 하다.

생각과 가치의 전환을 통해서 그 안건에 대해서 보는 관점이 완전히 달라진 이유 때문일 것이다. '나를 향해 걷는 열 걸음', '경계에 흐르다'의 저자로 서강대 교수이자 철학자인 최진석 교수의 강의 중에서 고인이 되신, 교수님 아버님 이야기를 들었다. 고인이 생전에 아파서 오래 누워 계시다가 아마도 기력이 다하고 건강 회복에 차도가 없음을 아셨는지 어느 날 "나 이제 그만 먹으련다"고 돌아가시기 며칠 전에 말씀하셨다고 한다. 그리고 곡기를 끊으셨다고 한다. 불교 서적에서도 임종을 앞두고 곡기를 스스로 끊고 돌아가신 스님들 이야기를 읽었다. 인간은 이렇게 사고가 육신을 지배하는 대단한 존재이다. 잘 사는 것만큼이나 너무 힘들게 죽지 않는 것이 우리 모두의 꿈이다. 또한 최진석 교수가 어릴 때 누이의 사망 후 보고 느낀 부분에 대한 표현도 기억에 남는다.

가족의 죽음으로 인해 매일 집을 나설 때면, "나는 오늘 죽는다"고 스스로 되뇌인다고 했다. 즉 우리가 오늘 죽는다고 생각하면, 굳이 사사로운 것으로 누구와 다투지 않을 것이다. 작은 욕심, 시기, 질투는 아예 없을 것이다. 좀 더 숭고하고 가치 있게 삶을 정리하고 싶을 것이다. 사랑하는 사람들에게 한 번이라도 더 표현하고, 의미 있는 것에 집중할 것이다. 꼭 이기기보다 일부러 져주는 아량과 배려를 베풀 수도 있다. 따뜻한 표현을 더 할지도 모른다.

이런 철학적 사고로 본다면, 미래의 내가 현재의 나를 되돌아봤을 때, 굳이 그렇게 편협하거나 근시안적으로 행동하지 않고, 더 성숙하고 바람직하고 좋은 방향으로 대응할 수도 있을 것이다. 최진석 교수의 "나는 오늘 죽는다"는 불교의 창시자 고타마 싯타르타가 "오늘이 생의 마지막 날인 것처럼 살아라"라고 말한 것과 일맥상통한다. 싯타르타는 35세, 즉 6년의 고행 뒤에 깨달음을 얻었다. 그는 인도 보리수 나무 아래에서 49일간 명상하고 '붓다(Buddha)', 즉 '깨달은 자'가 된 것이다. 그는 중도의 길을 통하여 고통의 이유를 알고, 극복하는 것을 깨달은 것이다. 80세에 죽음을 맞이하고 고통에서 벗어난 열반에 이르게 된다. 그가 전하고자 하는 뜻은 오늘을 열심히, 아름답게 살라, 욕심을 버리고 그 소중한 삶을 그냥 즐기라는 뜻과도 연결될 것이다. 이러한 발상의 전환과 불교의 컨셉은 벤저민 하디, "퓨처 셀프", 상상스퀘어, (2024)와 연결되는 것 같다. 미래의 자신이 오늘을 본다면, 사사롭고 욕심부리고 다툴 것이 줄어든다. 인생의 여정에서 작은 일에 연연하기는 큰 의미가 없기 때문이 아닐까?

고민을 구체적으로 정리하기

어떤 일에 관해서 살면서 후회하는 일이 꽤나 많다. 1. 내가 4050 세대로서 현재까지 제대로 직장 생활하고 있는가? 2. 투자한다고 했다가 금리 올라서 손실만 난 게 아닌가? 3. 나는 현실에만 안주하고 있지 않은가? 꿈과 미래를 남들처럼 찾아가는가? 이런 생각이 들곤 한다. 나보다 잘 지내는 누군가를 보고, 투자를 더 잘한 이야기를 듣고, 자신이 좋아하는 것과 꿈을 쫓는 사람의 이야기도 들었을 때이다. 상대적 무력감 혹은 박탈감이 들면서 문득 내가 한심해 보이거나 뒤떨어지는 것처럼 느껴진다. 하지만 대부분은 사실과 다른 것 같다.

심리학자들, 독서가들이 말하곤 한다. 1.고민되는 문제를 종이에 자세히 적어보라. 2.최악의 상황, 그 대안, 그보다 덜한 상황과 현재의 상태를 종이에 써 본다. 3.최대한 낱낱이 구체적으로 적다 보면 별것 아닌 게 더 많다. 어떤 상황이 생겼을 때에도 최상의 상황, 보통의 경우와 최악의 상황과 대처 방안을 몇 가지로 써본다. 이렇게 하다 보면 의외로 최악의 경우가 찾아와도 잘 넘길 수 있다. 그렇게 하면 불안한 생각이 상당부분 정리된다.

행복 지수 높이기

자신을 사랑하는 마음을 갖고 작은 것부터 실천한다. 작은 성공부터 이루어 내면서 자신감을 갖는 것이다. 혼란스러울 정도로 많은 정보의 홍수 속에서 혼자 생각하는 시간을 확보한다. 마음의 소리에 귀를 기울인다. 세상의 기준과 타인의 의견이 아닌, 자신이 원하는 것에 중점을 두고 실천한다. 남과 꼭 같은 필요가 없다는 것을 인정한다. 많은 정보를 각자 생각의 과정을 통해서 자신만의 가치 있는 것으로 만드는 과정이 필요하다.

끊임없는 독서와 공부, 배움으로 자기 계발을 꾀함이 필요하다. 매일 몸을 움직이고 활력을 유지한다. 적당한 운동은 뇌에 건강한 자극을 준다. 독서를 통해서 인생의 가치와 의미를 깨닫는다. 또한 매일 꾸준하고 일정한 식사, 운동, 자기 계발, 혼자만의 시간이 포함된 루틴을 유지한다. 심적으로 항상 안정된 상태를 유지함이 필요하다.

성경책을 읽고 기도하거나 명상의 시간을 갖는다. 또한 일상에서 소소한 즐거움도 찾는다. 자신이 좋아하는 스타일의 옷도 입어 본다. 출근이나 하루 일과 중에 가벼운 운동, 음악을 병행해서 몸을 움직여 본다. 단 5분, 10분의 시간이라도 명상을 해 본다. 작은 화분을 키워보거나 산책을 하며 바람소리, 새소리, 맑은 공기, 자연과 가깝게 지내본다.

새롭게 배우고 참여하고 자신만의 색깔을 갖는 용기를 가져본다. 지적 호기심, 자기 효능감을 높여본다. 그를 통해서 자존감을 회복한다. 이러한 것이 모두 우리의 행복 지수가 높아지게 한다. 또한 나눔과 이웃 사랑의 마음을 가져본다. 사람은 나누고 도와줄 때 행복함을 더 느끼게 된다. 아침에 10분이라도 시간을 내서, 오늘을 살면서 감사한 일들을 10가지 정도 적어본다. 내가 이미 가진 것, 누리는 것들을 써 보면서 감사한 마음을 갖게 된다. 또한 하고 싶은 일들을 적으면서 나의 행복감이 더 커지게 된다.

감사 일기 쓰기

글쓰기는 자아 회복과 치유에 도움이 되고 자신감과도 연결된다. 현재를 불평하기 보다 고마운 것을 몇 가지라도 적어보는 것이 좋다. 감사 일기는 나 스스로를 깨어나게 하고 작은 것에도 의미를 두게 된다. 내 경우에는 건강, 가족, 어머니, 꿈이 있음을 적었다. 또한 지금까지 50여 년간 평범하게 잘 살아온 것에 대한 감사함을 적었다. 자녀와 잘 지내는 것, 평화롭게 이 나라에서 사는 것, 기본적인 의식주 해결에 감사하다고 적곤 했다.

오늘의 날씨에 감사하고 약간의 긴장으로 늘 깨어 있을 수 있어서 감사하다고도 적었다. 인생에서 몇 명의 친구가 있어서 고맙다고도 적었다. 그렇게 적다 보니 10개가 훌쩍 넘어간다. 매일 5~10분이면 적는다. 노트북 바탕화면에 '감사 일기'라는 제목으로 저장된 워드 파일에 들어가서 매일 날짜를 적고 그날의 감사에 대해서 쭉 적는다. 주로 아침 운동 후 출근하거나 하루 일과를 시작하기 전에 한다. 우선 약 한 달간 매일 적어봤다. 그렇게 하니 작은 감사로 점점 충만해지고 있다. 결국 날마다 바뀌는 환경이 아니더라도 스스로 행복해질 수 있다.

난 힘들 때마다 감사 일기를 더 많이 쓰게 된다. 그 작은 루틴이 나에게 큰 힘을 주기 때문이다. 오프라 윈프리(Oprah Gail Winfrey), "언제나 길은 있다", 한국경제신문, (2020)에서 말한다. "당신에게 자신감과 연결감을 느끼게 하고 만족을 주는 것을 가꿔 나가라", "당신을 만나기 위해 기회가 올 것이다." 또한 나를 붙잡는 삶에서 벗어나서 나를 부르는 삶을 살라고 이야기한다. 우리도 알고 느끼고 있는 말이다. 하지만 그 표현이 나름 근사하다.

어찌 보면 '끌려가는 삶을 살지 마라. 주도하는 삶을 살아봐라'라는 메시지 같다. 세상물정에 맞추고 조직생활도 해야 했다. 어느 정도 타협함도 필요했다. 그렇게 4050 세대도 많이 살아왔을 것이다. 이제 인생의 후반기에는 자신감, 연결감을 느끼게 하는 것을 찾아나가 보자. 철학자 니체가 존경하던 발타자르 그라시안의 "세상을 보는 지혜", 자화상, (2020, 쇼펜하우어 엮음, 박민수 옮김)에서의 내용대로, 행운과 불운은 계속 번갈아 가면서 온다. 자신감과 연결감을 느끼며 지내다 보면, 새로운 기회가 찾아올 것이다. 행운과 또다른 배움, 도전의 기회라는 이름으로 말이다.

시간 가는 줄 모르고 하는 일이 진정 행복한 일이라는 말이 있다. 정말 좋아하고 빠지는 것이 있으면 힐링이 되고 활력을 재생산하게 되고 머리가 맑아진다. 그리기, 쓰기가 나름 정서적 치유의 효과가 있음이 여러 곳에서 증명되었다. 햇볕을 쐬며 산책하는 것도 좋다. 식물을 키우고 흙을 밟고 가까이하는 것도 좋다. 이런 활동들이 우리의 자신감, 회복력을 높여준다. 클래식, 경쾌한 음악을 들어도 역시 긍정적인 효과가 있다.

4050 세대가 흔히 겪는 불안이 있다. 경제적 어려움 또는 파산, 이혼, 실직, 자녀 문제, 인간관계 문제 등이다. 그로 인해 불안감, 막연함과 공허함을 느끼기도 한다. 심리학박사인 혹자는 이러한 어려움 뒤에는 영혼의 확장이 있다고 이야기한다. "잘못된 길은 없다. 잘못된 운용만 있을 뿐이다."라고 말한다. '사는 게 피곤하다면 가짜로 살고 있기 때문이다.' 라는 말에서도 나타내듯이 말이다.

자신만의 패턴, 방식과 흐름을 찾아야 한다. 나 자신은 소중하다. 4050 세대가 흔히 갖는 미래에 대한 불안, 각종 어려움은 기정사실일지도 모른다. 어렵지만 나를 찾아가자. 그동안 자신의 삶에서 잘한 것 몇 가지를 먼저 적어보면 어떠할까? 그리고 앞으로 작더라도 실천할 1-2가지를 기록해 보자. 또한 산책, 독서, 음악, 자연과의 친근한 생활로 자신이 회복되도록 해 본다. 토닥토닥 위로받기로 한다. 그리고 나는 지금까지의 삶을 감사히 여긴다고, 나는 그 자체로 소중하다고 되뇌어 본다. 하버드 대학생 상대로 '성공'을 주제로 몇 년 전에 강의 의뢰를 받았던 오프라 윈프리(Oprah Gail Winfrey)도 걱정이 많았다고 한다. 자신이 그 당시 하향길을 걷는다고 느꼈기 때문이다. 이렇듯 누구에게나 이야기 못할 어려움, 고민과 불안감이 있기 마련이다.

몇백 년의 시간 차이가 있지만 발타자르 그라시안도, 또한 오프라 윈프리(Oprah Gail Winfrey)도 말한다. 모두 엄청난 장점과 숨겨진 재능이 있다고, 그러니 잘하는 것에 집중하라고 말이다. 자신만의 장점, 재능과 특기에 더 집중하자. 잠을 자고 쉬고, 회복되면 자신만의 원래 패턴으로 돌아온다. 스스로 소중하게 여기고 하루를 시작하자.

Story 8.
위인과 공인의 사례 학습, 그를 통한 상처의 치유

극도의 어려움을 극복한 사람들 이야기

리처든 칼슨, "사소한 것에 목숨 걸지 마라", 도솔, (2015)에서 작가는 "오늘 그렇게 하지 못하도록 당신을 가로막는 그 이유는 나중에도 다시 반드시 나타난다. 또한 현명한 사람이라면 부정적인 생각들을 원래 온 곳으로 다시 흘러가도록 내버려두는 방법을 배운다"라고 조언한다. 그리고 "과거의 아픔에 덜 집착할수록 더 밝은 미래가 찾아온다"고 말한다.

이랜드 박성수 회장은 1975년도 대학 4학년에 '근육무기력증'이란 병으로 2년 반을 병원에서 지낸다. 당시 불치병으로 입원해 있던 기간 동안, 약3,000권의 책을 읽었다고 한다. 병원에서의 힘든 시간 동안 다양한 도서를 읽으며 자신의 미래를 꿈꾸게 된다. 어쩌면 인생 역전의 집중 독서로 임계점을 넘어선 계기가 된 것이다. 그때의 독서를 통해서 향후 이랜드를 이끈 사업적인 구상 및 비전, 위기 돌파 능력, 조직 운영법 등 다양한 아이디어가 생겨났다고 본다. 즉 그분은 그 기간을 전화위복의 기회로 삼은 것이다.

고(古) 김대중 대통령은 긴 투옥 시간 동안 다방면의 꾸준한 독서를 했다. 그를 통해 지적 능력도 쌓고 행복감을 느꼈다고 한다. 감옥 생활이 그립다고도 했다. 그는 "우리는 모두 감옥 생활을 하고 있다. 내가 속한 곳에서 눈과 귀가 보고 들을 수 있는 세계는 지극히 좁기 때문이다. 그런데 이 감옥에는 창이 하나 있다. 이 창으로 우리는 어떤 세계와도 만날 수 있다. 바로 '책'이라는 이름의 창이다"라고 말했다. 그 18년이란 긴 시간의 감옥 생활은 마치 다산 정약용 선생의 18년간의 유배 생활이 연상되기도 한다. 그 기간 동안 약 500권의 책을 저술한 전무후무의 기록이 있다.

전 세계에서 금, 다이아몬드가 가장 많이 나오는 남아프리카공화국의 고(古) 넬슨 만델라 전 대통령도 종신형을 받았었다. 그는 27년간의 감옥 생활을 했다. 그중에서 18년을 로벤 섬에서 지냈다. 햇볕이 들지 않는 정치범 수용소에 있었던 고(古) 넬슨 만델라 남아공 전 대통령의 에피소드를 들으면 가슴이 먹먹하다. 감옥 안에서 어머니와 형제들의 죽음 소식을 듣고 머무를 수밖에 없는 비통한 심정을 어찌 상상할 수 있을까? 그 18년의 시간 동안 각자 다른 모습으로, 현재의 어려움을 승화시키면서 의미 있는 시간이 되고 자기 계발이나 뭔가 스스로 거듭나고 준비하는 시간을 지냈을 것이다.

소프트뱅크 손정의 회장이 창업 후 몇 년 후에 한참 회사가 바쁠 때 B형 간염으로 입원해서 약 4,000권의 책을 읽고 미래 구상을 한 일화도 떠오른다. 그는 그때를 가장 좋은 시간 중 하나였고 의미가 컸다고 회상한다. 그 병상의 시간 동안 그는 독서를 통해서 경영 전략과 비전 수립을 했고, 그 이후에는 그 계획들을 한 개씩 추진한다고 말했다. 뜻하지 않은 건강 악화로 인한 병원 입원과 자기와의 싸움을 소중한 독서, 자기 계발과 투자의 시간으로 전화위복을 한 것이다. 유한준, 이종욱, "손정의 리더십", BookStar, (2018). 손정의 회장은 검정고시로 미국 고교에 입학하고 나중에는 미국대학에 진학을 했다. 그는 미국고교 입학 후 월반하고 미국대학에 진학하게 된다. 즉 보통 쉽게 포기할 상황에서 설명하고 협상을 하여 정당한 권리로 입학한 것이다. 그 용기, 배포와 도전 정신이 대단하다. 그는 남들과 다른 것들을 해냈으며 늘 도전하고 구상하여 만들어냈다. 쿠팡 지분 매입 건을 봐도 과감한 배팅에도 능하고 선구자적 기질이 다분해 보인다.

마이크로소프트의 빌 게이츠(Bill Gate)는 '하버드 졸업장보다 소중한 것은 독서 습관'이라고 했다. "인간에게는 한계가 있지만, 그 한계를 뛰어넘는 것은 독서다. 탁월한 삶을 꿈꾼다면 독서하라"고 그는 말했다. 18년의 귀양 생활 동안 500여 권의 책을 저술한 다산 정약용 선생과도 연결된다.

노동운동가 박노해 시인의 감옥 생활과 저술 활동도 연결되며, 20년 2개월의 투옥 중 감옥에서의 편지와 저술 활동을 진행한 고(古) 신영복 선생도 관련이 있다. 독립운동가이자 시인인 윤동주 '하늘과 바람과 별과 시'도 그렇다. 독립운동가이자 사격에 능했던 안중근 의사의 자서전 또한 감옥 생활과 저술을 이야기한다. 일본 식민지 하에서 중국과 미국에서 다양하게 독립운동을 한 안창호 선생도 마찬가지이다. 일본 식민지를 벗어난 몇십 년 후 한일간 문화 교류를 협의할 때, 지식인 고(古) 이어령 작가가 우리나라를 대표하여 일본 대표와 각 국가 문화의 우수성을 토론한 것도 그의 나라 사랑과 오랜 독서, 지적 깨달음, 알 때까지 파고들고 연구하는 장점을 살린 것이다.

자기와의 싸움, 자기 관리를 통해서 극도의 어려움을 극복했거나 이에 관해 조언을 주는 글로벌 성공자, 위인들의 사례도 다양하다. 미국의 세계적인 투자자인 워런 버핏(Warren Buffett)은 독서광으로 유명하다. 그는 매일 하루에 5-6시간 동안 독서한다. '투자의 귀재'인 그 역시 끊임없는 자기계발, 멘탈 관리와 위기 관리 능력을 발휘하면서 2008년 글로벌 금융위기 등 투자의 위기, 어려운 상황을 극복해 왔다. 워런 버핏(Warren Buffett)도 글로벌 위기, 미래 투자의 불확실성의 난제를 이겨내 왔다. 실패할 수 있는 상황에서 불안과 염려도 많았을 것이다. 그러나 항상 위기를 정면 대응했다. 또한 책과 저널 등 꾸준한 독서를 통해 새로운 정보를 얻는 점도 핵심 중 하나였다. 그는 세계적인 부자이지만 99% 이상의 유산을 기부하겠다고 약속했다.

니체가 유독 좋아했던 분으로 알려진 17세기 스페인의 철학자는 발타자르 그라시안이다. 그는 "훌륭한 능력은 새로운 문제를 겪을 때마다 점점 더 발전하고 드러난다", "또한 인생에서 대부분이 선택에 달려있다. 좋은 취향과 올바른 판단력이 필요하며, 분별력과 선택 없이는 완벽함은 없다"라고 말했다. 이처럼 인생에는 계속해서 위기 순간이 온다. 그 순간마다 우리는 스스로 계속 선택 및 대응한다.

2022년 타계한 베트남 출신의 시인, 교사이자 평화 운동가였던 틱낫한 스님(1926~2022)은 "인생은 고통으로 가득 차 있지만 또한 많은 경이로움으로 가득 차 있다(Life is filled with suffering, but it is also filled with many wonders)"라고 말했다. 우리 인생에서 어려움, 시험과 고통을 맞이한다. 그것을 넘긴 후에는 또 다른 놀라운 기적과 즐거움, 기쁨도 다시 찾아오는 것이다. 그렇기에 우리는 늘 고통을 잘 이겨내야 한다.

기원전 5세기 초까지 활동한 중국의 유명한 철학자이자 논어의 저자는 노자이다. 그는 도덕경(道德經)에서 이야기한다. "성공은 실패를 극복하는 능력에서 나온다." 즉 우리는 실패와 좌절을 겪곤 하지만 그것을 이겨내는 과정과 능력에서 성공을 하게 된다. 한자성어 '고진감래(苦盡甘來)', "쓴 것이 다하면 단 것이 온다." 즉 고생 끝에 행복이 온다는 의미와 상통한다. 또한 우리의 행복은 작은 것에서 나온다는 것이 그의 뜻과 연결된다.

자연의 아름다움을 감상하거나 가족과 보내는 시간 등 일상의 소소한 즐거움이 행복이라는 것이다. BC 5~6세기에 중국 춘추시대 사상가,

교육자인 공자의 가르침과도 통한다. '인무원여(人无远虑), 필유근우(必有近忧)', "사람이 멀리 앞을 내다보지 않으면 반드시 가까운 곳에서 근심이 있다." 즉 우리가 살면서 많은 고난과 어려움을 겪기도 하지만 멀리 보고 이를 넘어서야 한다.

중졸 출신이지만 다이어트와 건강을 위한 한방 식품의 제조, 판매하는 회사인 '긴자마루칸'과 '일본한방연구소'를 창업한 일본의 최고 부자가 있다. 그는 사이토 히토리이다. 그는 일본에서 고액납세자 순위 10위 안에 들었다. 2004년까지 누계납세액이 173억 엔이라는 대기록의 인물이다. 그는 입지전적인 성공적인 사업가가 되었다. 그는 "나 자신을 다른 사람과 비교하지 마라"라고 말한다. 결국 우리의 인생에서 만나는 많은 고난과 실패와 고통은 우리 스스로 극복해야 한다. 남과 비교하지 말고 뚫고 나가야 하는 상황이 많다. 늘 기회와 새로운 도전이 기다린다. 이처럼 세계의 다양한 성공한 사업가들도 그들 앞에 계속 찾아오는 고난과 고통을 마주하고 극복한 것이다. 인간은 살아 있는 한 계속된 위기와 실패, 고난의 시기가 찾아오고 그것이 삶의 일부인 것이다. 그것을 잘 버텨내야 한다.

선정한 위인 24명의 고난 또는 실패 극복의 사례

필자가 위로받은 위인들의 사례를 연대기 순으로 정리해 본다. 내가 힘들 때 힘을 내도록 원동력을 주신 분들이다. 물론 이외에도 또 다른 훌륭한 분들이 많을 것이다. 시대를 떠나서 어려운 상황, 고난과 그를 견디고 지낸 사연들이 있다. 또한 뜻을 품고 의연하게 대처한 분들도 많이 있다. 개인적인 욕심과 삶보다 대의명분, 국가를 위해 헌신하기도 했다. 성공과 알려짐 뒤에 가려진 각자의 아픔이 있다.

그것에 공감하고 후손으로서 감사함을 느끼기도 한다. 책과 문학을 통해 배움을 얻고 그들에게 경외감을 갖는다. 문득 힘들 때면 나는 그 자리를 벗어나 걸어본다. 다른 분들의 이야기도 들어보고 시련과 고난을 극복한 사례도 들어본다. 세상의 호흡 기준과 속도가 아닌 나만의 숨의 크기와 스피드에 맞춘다. 결국은 내가 행복해야 남이 행복하다. 그런 기준을 세우고 살아갈 때 도움이 되는 분들이었다.

1. 모세

- 기원전 13세기경. 이스라엘 민족을 이집트 노예 상태에서 해방시킨 민족 지도자. 시나이산에서 십계, 신의 율법을 받아 이스라엘에 전함. 이스라엘 자손인 아므람과 요게벳 사이에서 태어났다. 물에서 건진 아이라는 뜻의 이름이다. 모세는 이스라엘 자손을 죽이라는 탄압 속에서 강물에 버려졌다. 그러다가 이집트 왕실에서 이집트인으로 자란다. 히브리인인 모

세의 어머니가 유모 일을 한다.

40년이라는 긴 시간 동안 광야 생활을 했다. 광야 생활은 사실 단 며칠도 만만하지 않다. 출애굽과 시나이 광야 생활을 경험한다. 느보산에서 120세의 나이로 사망했다. 기원전 1391-1271년으로 추정한다.

▶▶ 적용

30대 초중반부터 40대 초까지 약 10년의 인생이 참 버티기 어려웠다. 인생의 큰 시련 몇 가지를 겪으면서 하루하루 견디기 힘들었다. 고통의 시간이었다. 삶이 기쁨, 희망, 즐거움이 많아야 되는데, 왜 이렇게 고난과 시련만 오나 싶었다. 벗어날 수 없는 그 당시의 상황도 전환하고, 한국에서의 어려움도 벗어나고자 했다. 2007년 초부터 전자회사 주재원으로 해외에 근무할 때, 모세가 40년 동안 광야 생활을 하다가 죽었다는 요르단 느보산에 가 보았다. 죽기 전에 약속의 땅을 본 곳이라고 알려진다. 암만 남쪽 약 20km 마다바 근처이다. 저 멀리 사해 건너 이스라엘이 보이기도 한다. 그 황량한 사막에서 40년을 버텼다는 것이 대단하다.

그는 유대인을 학대하는 이집트 관리를 죽이고 그곳을 떠나서 40년을 사막에서 지낸다. 이집트에서 유대인들을 탈출시켰지만 그들을 돌봐야 했다. 성경에서 그와 인원들은 사막에서 맛나를 먹었다고 나온다. 하느님이 모세에게 지팡이를 가지고 백성을 불러모은 뒤 바위를 향해 물을 내도록 명령하라고 했는

데, 모세는 이를 따르지 않고 지팡이로 바위를 두 번 내리쳤다고 한다(민 20:1~13). 이 불충으로 모세는 느보산에서 임종하였다고 한다(민 27:12~14). 모세는 40년의 시간을 광야에서 보낸 것이다. 사막에서의 40년간의 배고픔과 굶주림, 식량 확보, 잠자리 문제, 리더로서의 큰 어려움이 늘 있었을 것이다. 지도자로서 느끼는 고독함, 책임감, 인내심, 배려심이 대단하다. 나의 고난보다 작지 않다.

2. 공자

- 기원전 551-479년. 산둥성 지닝시. 춘추시대 유학자. 10대 후반 엄마, 70대 아버지 사이에서 태어남. 가난하고 어렵게 평생을 사신 분. 부귀영화를 아예 누리지 못한 분. 3,000여 명의 제자 중에 일부 뛰어난 제자를 두신 분. 평생을 여러 도시를 돌아다니고, 배부르게 먹지 못한 분. 인격적인 수양, 뛰어난 독서, 초월한 듯한 마음가짐. 대단한 업적을 남긴 분. 좋은 혜택과 값비싼 옷, 집, 음식을 전혀 누리지 못했으나, 훌륭한 말씀, 후세에 지혜가 되는 공을 세운 분이다.

▶▶ 적용

세계의 4대 성인 중 하나라고 일컬어진다. 그럼에도 불구하고 그의 인생은 부귀영화와 거리가 멀다. 검소하고 소박한 삶이다. 학문적으로 뛰어난 분이다. 50세는 지천명(知天命), 하늘의 뜻을 안다. 겸허해지는 나이라고 말했다. 60세는 이순(耳順), 세상의 이치를 모두 이해할 수 있는 나이, 경청의 나이이다.

즉 걸러 들을 줄 알게 된다. 70세는 종심(從心), 즉 내 마음대로 해도 법도에 어긋나는 법이 없는 나이이다. 공자 스스로 힘들고 어려운 삶을 살았다. 호의호식(好衣好食)의 삶이 절대 아니다.

3. 예수님

- 기원전 7~2년 추정, 팔레스타인 베들레헴 출신. 서기 31년 4월 사망. 향년 33세. 이스라엘 예루살렘 골고다 언덕. 30대 초반의 나이에 십자가에 못박혀 돌아가셨다. 억울함과 고통, 괴로움 모두 감수하셨다. 사랑과 단호함, 성숙함을 모두 갖추셨다.

▶▶ 적용

2024년 이스라엘과 레바논 하마스 전쟁, 이스라엘과 팔레스타인 전쟁으로 폐허가 된 가자지구의 상황이다. 팔레스타인 베들레헴에 2006년과 2010년 두세 번 방문했다. 한 번은 이스라엘 출장 중 주말에 시간 내서 아는 분과 들렸다. 두 번째는 인근 국가에 살 때, 여행으로 방문했다. 성경에 나오는 예수님이 십자가를 메고 걸었다는 골고다 언덕에 가보기도 했다. 안내자와 함께 예수 탄생 교회, 구유 광장, 통곡의 벽도 가봤다. 성경에 나오는 사랑, 이웃을 섬기는 마음과 인간적으로는 어렵지만 "원수를 사랑하라"는 말씀이 소중하다(마태복음 6:3). "너는 구제할 때에 오른손이 하는 것을 왼손이 모르게 하여. 즉 남을 도울 때는 아무도 모르게 하라"는 말씀도 기억에 남는다. 과시하고 생색내기 쉬운 현대사회에 메시지를 준다.

"나는 길이요, 진리요, 생명이다. 나를 거치지 않고서, 아무도 아버지께로 갈 사람이 없다." (요한복음 14:6). 사랑과 은혜가 풍성한 세상, 전쟁이 멈추고 평화와 화합이 있는 지구촌이 오기를 기대한다. 사람을 대할 때 선의와 사랑을 가지고 임하기를 스스로 다짐해 본다.

4. 이순신 장군

- 1545년 서울시 중구 태생. 셋째 아들로 태어남. 아버지 이정과 어머니 변씨였음. 조선 중기의 무신. 시호는 충무. 32세에 무과에 급제함. 1591-1598년 전라좌도 수군절도사 시작함. 평범한 태생, 불우한 교육, 위대한 사고 방식, 책 읽기, 자기와의 싸움. 대의명분 중시, 인간적인 분, 성숙한 인격자. 자신의 소신과 정의를 지키는 자. 겸허함을 지님.

▶▶ 적용

몇 차례의 백의종군, 숨기거나 거짓으로 고하지 않고 불이익을 받더라도 있는 대로 보고하는 용기 있는 분이다. 명량해전 등을 승리로 이끌었다. 해수의 흐름을 여러 가지 관련 도서를 수년간 읽고 공부했다. 그를 통해서 바닷물의 흐름을 전쟁에 이용할 방법을 면밀히 분석하고 계획을 세운 뛰어난 전략가, 독서가이자 실천가이다.

의롭고 명예롭게 살고자 한 분이다. 전투에서 잡힌 일본의 젊은 포로에 책을 읽어줬다는 일화가 있다. 섬세하고 마음 따뜻한 분이다. 난중일기로 보면 그는 독서가이자 문장가이기도 하다. 불우하게 자라서 많은 배움은 없다. 그러한 결핍을 극복하고 위인이 된 분이다.

그는 독서와 자신만의 깊은 성찰로 뛰어난 지혜, 창조성을 가진 분으로 안다. 라의 자랑스러운 위인이자, 인격적으로 리더로서, 독서가로서, 용기 있고 덕망 있는 분으로 늘 본받고 싶은 분이다. 약 480년 전의 위인이다. 그 삶에 많은 굴곡한 부침이 있었다.

5. 정약용

- 1762-1836년. 경기도 남양주시 조안면 출신. 조선 후기 문신, 유학자, 실학자. 18년 간의 유배, 고통의 시간에 책 읽기와 책 쓰기. 500권의 저서, 인격수양, 다소 혈기가 넘치지만 노력파, 50대 후반에 유배에서 풀려 지내다가 약 10여년(20년 이내) 살다가 가심. 자신과의 싸움을 이긴 분.

▶▶ 적용

뛰어난 독서광이자 집현전을 통한 연구를 성공시킨 세종대왕과 정약용 선생이다. 무엇보다 두 군데에서 약 18년의 긴 유배 생활을 보내며 자기관리, 독서와 저술에 힘쓴 점이 대단하다. 백성을 사랑하는 마음도 목민심서에 나타난다. 의학에도 관심이 있어서 저술하였다. 서양의 천재인 레오나르도 다빈치가 생각나게 하는 위인이다. 긴 유배생활을 견뎌내고 저술로 승화한 점이 대단하다.

6. 에이브라함 링컨

- 1809-1865. 미국 대통령(1860) 당선. 켄터키주 출신. 8번의 선거 패배와 2번의 사업 실패를 경험함. 신경쇠약증으로 6개월 이상 병원에 입원했음. 불운과 실패, 좌절의 삶을 이겨내고 미국 16대 대통령이 되었음. 남북전쟁에서 북군을 지도했고 점차 노예해방을 이루었음. 재선에 성공했으나 1865년에 암살당함.

▶▶ 적용

그의 생애는 한마디로 실패의 연속이기도 했다. 7세의 어린 나이에 집을 잃었다. 9세에 어머니가 사망했다. 22살에 사업에 실패했다. 23살에 선거에 낙선했고 학교 입학도 실패했다. 24살에 결혼하기로 한 약혼자가 사망했다. 26살에 정신 쇠약증으로 6개월간 병원에 있었다. 20대 후반부터 30대 초반까지 3번 연속으로 선거에 패배했다. 40대 중후반까지 또 3번 선거에 패배했다.

그 이후 50대 초반인 1860년에 대통령에 당선되었다. 즉 8번의 선거 패배와 2번의 사업 실패, 1번의 약혼자 사망, 신경쇠약증 입원 등 다양한 실패를 경험했다. 그의 인생은 도전과 극복의 사례이다. 에이브라함 링컨을 사례를 보니, 암살로 사망할 때까지 그는 그야말로 도전의 인생을 살았다.

7. 니체

- 1844-1900. 젊은 시절에 교수가 되고 한때 잘 나갔었다. 그런데 30대

초반부터는 일도 그만두고 어려워진다. '차라투스트라는 이렇게 말했다' 라는 유명한 저서를 썼지만 사망한 후에 유명해졌다. 즉 살아서는 경제적으로나 사랑하는 삶이 쉽지 않았다. 인생을 보면 다소 굴곡 있고 어려운 삶을 살았다.

연애도 성공하지 못했고 짝사랑을 오래했다. 좋아하던 여인 '루 살로메'가 친구와 결혼했다. 그 여인은 또 라이너 릴케와 연애하기도 했다. 니체는 기회가 없었다. 즉 마음속에 상처도 많이 받았다. 하지만 명작을 남겼다.

▶▶ 적용

니체의 삶과 비교할 때, 필자는 가정도 이루고 아내와 자녀도 있다. 부모, 형제, 자매에게 나름 사랑도 받았다. 몇몇의 친구도 있다. 다양한 외국 사람들을 만나봤다. 그의 저서를 읽고 영감을 얻는다. 그의 창의력과 표현력에 감동을 받는다. 뛰어난 그의 삶도 평탄하지 않았다.

8. 마하트마 간디

- 1869~1948. 노벨평화상 수상자. 인도의 비폭력 운동가이다. 금욕적인 삶을 표방했다. 2005년경 인도 델리의 그의 기념관을 방문했었다. 그는 소금 과세, 경제적 쟁탈, 식민지 지배 지속을 위한 영국의 활동에 비폭력 운동으로 대응했다. 자신의 평화로운 뜻과 의지를 널리 알리었다. 자

신들이 풍족하고 여유로운 삶을 추구하지 않았다. 재물, 좋은 음식을 탐하지 않았다.

▶▶ 적용

그는 금욕주의, 비폭력운동을 펼쳤다. 영국을 상대로 소금 과세에 항의했다. 자신의 뜻을 공식화하고 실천했다. 국가에 공헌하는 활동을 했다. 깨어있는 지식인, 실천하는 양심을 보여주었다.

9. 라이너 마리아 릴케

- 1875~1926. 뮌헨대학교 철학, 역사학. 1894년 시집. '인생과 소곡'을 썼다. '별 헤는 밤'의 윤동주 시인이 가장 좋아한 시인이다. 오스트리아 시인, 소설가, 20세기 최고의 독일어권 시인 중 한명이다. 고독한 소년 시절을 보냄. 백혈병으로 스위스에서 사망.

▶▶ 적용

그의 저서 '젊은 시인에게 보내는 편지'를 보면, 얼마나 그가 서정적이고 아름다운 문장을 잘 쓰는지 이해가 간다. 프라하에서 태어난 그는 병약한 어린 시절을 보냈다. 아버지 뜻으로 육군학교에 입학 후 적응 못 하고 중퇴했다. 그 이후 시를 쓰기 시작한 것이다.

열아홉 살부터 시집을 출간한 분이다. 결혼 후 경제적인 어려움으로 별거를 하기도 했다. 니체가 좋아한 '루 살로메'와 연애하기도 했다. 말년에 아파서 고생을 했다고 한다. 그의 아름다운 문장을 읽는 게 행복이다. 우수한 그의 재능에도 병마와 싸우다 돌아가셨다. 하나님 앞에서 인간은 나약하고 유약한 존재임을 느낀다.

10. 김구

- 1876년(고종13년) 8월생. 1949년(74세) 사망함. 독립운동가. 호는 백범. 황해도 해주목 출신. 사망은 서대문구. 초대 임시정부 국무회의 주석 역임. 상하이 망명 후 1944년 대한민국임시정부 조직에 참여함.

▶▶ 적용

일제식민지하에서 최일선에서 독립운동을 지휘한 분이다. 독립운동가 중에 가장 고령 중 한 분이다. 또한 임시정부 국무회의 주석이라는 고위직까지 하셨다. 알려진 독립운동가 중에 상대적으로 장수하신 분이기도 하다. 안창호, 안중근, 윤봉길 등 독립운동가들과 방향 설정, 조언, 협업을 하셨다. 이분의 헌신과 노고가 있었기에 후손이 대한민국에서 평화롭게 사는 은혜를 입었다.

11. 안창호

- 1878년 11월 평안남도 강서 출신. 1938년(61세) 사망, 한말 독립운동가. 미국에서 공부함. 안중근 이토 히로부미 암살사건으로 개성헌병대에서 3개월간 있었음. 1911년 미국으로 망명함. 1908년 평양 대성학교 설

립. 1913년 흥사단을 조직하고 1924년 미국 흥사단을 재조직을 함. 1932년 상하이 독립운동을 도움. 윤봉길 의사 폭탄 사건으로 일본 경찰에 체포되어 본국 송환됨. 두 번의 투옥을 함. 보석 휴양 중 사망함.

▶▶ **적용**

독립운동을 미국, 중국 한국에서 글로벌하게 벌인 분이다. 미국에서 흥사단을 조직한 것이 약 100년 전이다. 그 후 중국에서도 독립운동을 하셨다. 비슷한 연배인 안중근, 윤봉길 의사, 김구 선생과도 협업했다. 뛰어난 인재, 인텔리인데 그 역할을 조국의 독립운동에 쏟았다. 다른 편에서는 친일로 뱃속을 불리던 인원들도 있었다.

안창호 선생은 깨어있는 지식인이었던 것이다. 결국 일본경찰에 잡히고 감옥 생활을 한다. 건강 악화로 우리나라 독립 7년 전에 돌아가셨다. 이러한 독립투사들의 목숨과 피의 대가로 자유를 찾았다. 늘 감사한 마음이다. 100년 전에 독립운동하신 그 훌륭한 행적을 배운다.

12. 안중근

- 1879년 9월 황해도 출신. 1910년 3월 사망(31세). 한말의 독립운동가. 만주 하얼빈에서 침략의 원흉 이토 히로부미 사살하고 순국함. 부잣집 출신임. 말 타기와 활 쏘기에 능한 명사수이다. 천주교 신상을 가졌음. 의병 활동을 하였음. 1909년 10월 이토 히로부미가 하얼빈에 왔을 때 15가지 이유로 암살했다.

▶▶ 적용

30대 초반의 젊은 나이에 조선의 적을 처단하는 대단한 일을 감행한 분이다. 잡혀서 일제의 손에 의해 돌아가셨다. 그의 대단한 용기, 조국 사랑, 실행력을 배운다. 우리나라에 이러한 훌륭하고 깨어있는 분들이 계셨음이 자랑스럽다.

지금부터 114년 전이다. 이분이 목숨을 걸고 조국을 위해 큰일을 해 냈다. 사격과 말 타기, 활 쏘기에 능했던 분이다. 30세에 자신의 귀한 목숨을 던지는 용기가 있던 위대한 분이다.

13. 칼릴 지브란

- 1883-1931. 레바논 태생. 파리, 뉴욕, 보스턴 개인전 경력. 1895년 미국 보스턴 이주함(23살때). 아버지가 감옥에 가고 재산을 몰수당했다. 어머니와 친척을 따라 미국 뉴욕으로 이주했다. 아버지는 1893년 감옥에서 나왔다.

어머니는 재봉사로 보스톤에서 일했다. 15세에 지브란은 레바논으로 돌아갔다. 여동생, 형, 어머니가 세상을 비슷한 시기에 떠났다. 48세에 뉴욕에서 간경변, 폐결핵으로 사망했다. 죽기 전에 그는 레바논에 묻히고 싶다고 했다. (지브란 박물관)

▶▶ **적용**

베이루트에 근무한 적이 있다. 2010-2011년경이다. 성경 속에 자주 나오는 레바논 삼나무와 해안가의 낚시, 파스타가 기억에 남는다. 화려한 결혼식, 축제도 눈길을 끈다. 2024년 현재 이스라엘과 레바논 하마스 간의 전쟁이 진행 중이라 안타까운 마음이 든다. 전쟁이 끝나고 평화가 오기를 기대한다. 인류가 AD로 접어들어서 1950년까지 기간 중에 약 90% 이상의 시간은 전쟁이 끊임없이 있었다는 통계를 본 적이 있다.

21세기에 진행되는 러시아-우크라이나 전쟁, 2024년에 진행 중인 이스라엘-레바논 하마스 전쟁, 이스라엘-이란 간 냉각된 상황, 남북한의 긴장된 국면이 완화되기를 바란다. 베이루트에 거주했기에 칼릴 지브란 이야기가 사뭇 더 가깝게 느껴진다. 그의 부모님의 이혼, 아버지와 떨어져 지낸 시간, 어린 시절, 아버지 없이 가족들과의 미국 이주 후의 거친 삶, 그 이후 어머니, 여동생의 잇따른 죽음에 연민을 느낀다. 또한 건강이 좋지 않아 말년에 고생한 것도 가슴 아프다. 그의 문학적인 재능, 글과 그림의 작품 뒤에 마음 한구석의 쓸쓸함과 가족에 대한 그리움이 느껴진다.

14. 유관순

- 1901년 12월 충남 천안 태생. 1920년 9월 사망. 일제강점기에 독립운동가로 활동함. 아우내 장터에서 3,000여 명의 군중에게 태극기를 나눠주었음. 부모님은 일본 헌병대의 총에 맞아 사망함. 18세에 독립만세 운

동에 참가함. 법원에서 3년 실형을 받고 다음 해 고문으로 옥사. 건국훈장 독립장에 추서됨. (1962)

▶▶ 적용

18세의 어린 나이에 태극기를 나눠주고 독립운동에 가담하다가 잡혔다. 지금 시대에는 한창 공부할 18살 학생이고 너무 어린 나이이다. 이 꽃 같은 나이에 어른도 하기 어려운 역할을 하셨다. 불과 약 70년 전 그 젊은 나이에 귀한 목숨을 조국의 독립을 위해 쓰셨다. 어린 나이에 조국의 독립, 자유를 위해 노력한 것을 기억에 늘 새기고 그 뜻을 잘 받들자. 좋은 나라, 굳건한 나라, 외세의 침탈을 받지 않는 강한 나라, 스스로 자주독립과 주권을 지키는 나라가 되어야 한다.

15. 빅터 프랭클

- 1905-1997. 오스트리아 출신 유대인. 나치 강제 수용소 경험. 미국 피츠버그대학교 교수. 오스트리아 심리의학협회 회장. 빈 대학교 의학 및 철학박사. 그는 나치 독일이 유태인, 집시, 동성애자 등을 학살하기 위하여 만들었던 폴란드의 강제 수용소인 아우슈비츠에 있었음. 의사 출신이지만 기본 인권 이하의 처절한 고통을 스스로 겪어냄. 훗날 저서 "삶의 의미를 찾아서", "의미를 향한 소리 없는 절규" 등을 펴냄.

▶▶ 적용

2005-2006년경 이스라엘 방문 시 홀로코스트를 기록한 박물관을 방문한 적이 있다. 야드 바쉠(Yad Vasham) 박물관으로 기억한다. 인간 이하의 장면들이 많았다. 차마 표현할 수 없다. 같은 인간으로서 어떻게 그럴 수 있었을까? 빅터 프랭클, "빅터 프랭클의 죽음의 수용소에서", 청아출판사, (2005)에서 그 생생함이 전해진다. 바로 며칠 안에도 언제든지 죽을 수 있는 자신들의 운명을 마주한다. 1942-1944년경이니 불과 80년 전 이런 일을 겪은 사람들이 다수이다. 이스라엘인, 로마인, 폴란드인, 소련인 포함 사망자가 129만 명이 된다. 과거의 일이지만, 이들의 가족과 친지, 후손들의 가슴 속에는 이 상처가 깊게 남아 있을 것이다.

성인이 된 후, 몇 차례 아우슈비츠 사례를 필자는 보게 되었다. 그것을 경험한 이들에 비하면 웬만한 고통은 극복할 수 있어 보였다. 생각의 전환을 통해서 이겨내자. 한 템포 천천히 가면 된다.

16. 윤봉길

- 1908-1932. 독립운동가이자 교육자, 시인이다. 파평 윤씨이다. 출생은 충남 예산군 덕산면 소재이다. 5남 2녀 중 장남이다. 일본인 교사 아래에서 교육받기를 거부하고, 한학 서당을 다녔다. 1932년 백범 김구의 지시를 받아 폭탄 투거 의거를 성공시켰다. 상하이 홍커우 공원의 일본 전승 기념식에서였다. 1932년 12월 19일 육군 작업장에서 총살형을 받아 순국하였다. 향년 24세였다. 슬하에 3남 1녀를 두었으나 둘째는 홍역

으로 사망했다.

▶▶ 적용

일본에 교육받기를 용기 있게 거부하신 분이다. 공원에서 폭탄을 던지고 독립운동을 하신 분이다. 이른 결혼으로 처자식이 뻔히 있었는데 그러한 독립운동을 하다가 24세에 사망하였다. 혼자라도 어려운 결정이지만, 처자식이 있었다.

특히 열 살 이하인 자녀가 셋이나 있었는데 이러한 폭탄 투척을 한 것이다. 조국이 아무리 귀하지만 처자식을 뒤로하고 이러한 행동을 한 것은 대단한 용기와 결단력, 사생결단의 각오가 없으면 안 되었을 것이다. 불과 60-70년 전의 일이다.

17. 마더 테레사 수녀

- 1910-1997. 유고슬라비아 출신이다. 가난한 사람들의 어머니라 불린다. 알바니아 교육자 아버지와 가정주부인 어머니 사이에서 태어났다. 그 분의 어머니는 가난한 사람들을 돕는 데 관심이 많았다. 1928년 예수 성심수녀회에 입회해서 1931년 인도에 파견되었다. 1950년에 인도 켈커타에 사랑의 선교회, 즉 천주교 계통 수녀회를 만들었다. 1995년 워싱턴 입양센터 테레사 집을 세웠다. 최소한의 의복, 생활도구와 평생 이웃 사랑의 실천을 하셨다. 척박하고 불우한 환경에서 타인을 돌보셨다.

20세 무렵부터 평생 불우한 사람들을 돌봤다. 인도 켈커타 지역에서 몇십 년간 봉사했다. 욕심을 부리지 않았다. 재물, 자리, 유명세, 좋은 음식을 탐하지 않았다. 이웃 사랑을 실천하셨다. 1979년 노벨평화상을 받았다.

▶▶ 적용

2000년대 중후반에 인도 주요 도시를 몇 차례 방문했다. 수녀님으로부터 이웃 사랑, 따뜻함과 소탈함을 배운다. 가난한 사람에 관심이 많다는 것은 사랑이 가득하는 의미일 것이다. 인도 켈커타에서 거의 평생 이웃을 돌본 마더 테레사 수녀에게 이웃 사랑, 자비심과 따뜻한 마음을 배운다.

18. 윤동주

- 1917-1945. 일제강점기의 독립운동가. 하늘과 바람과 별과 시의 시인. 만 27살인 1945년에 사망. 일본 도시샤 대학교 영어영문과 졸업. 본적은 함경북도 청진시 포항동이다. 항일운동을 하다가 후쿠오카 형무소에서 100여 편의 시를 남기고 사망함. 양심적인 지식인 중 한 명이다.

▶▶ 적용

이분의 시 '하늘과 바람과 별과 시'는 외울 정도로 친근하다. 독립운동가이자, 시인이다. 라이너 마리아 릴케의 시집을 좋아하던 분이다. 그의 아름다운 시적 표현도 릴케의 영향을 받았으리라.

한 가정의 장남이고 소중한 생명인데, 20대 후반의 나이로 돌아가셨다. 그의 짧은 생애 동안 주권을 빼앗긴 시대의 깨어 있는 지성인으로, 살아 있는 양심, 행동하는 모습을 보이셨다.

19. 넬슨 만델라

- 1918-2013. 남아프리카공화국 최초의 흑인 대통령(1994년)이자 인권운동가이다. 종신형으로 27년간 감옥에 있었다. '자유를 향한 머나먼 여정' 등 저서가 있다. 1993년 노벨평화상을 받았다. 그 기나긴 감옥 생활 속에서 포기하지 않았다. 1918년 태어났다. 대학교는 중퇴했다.

▶▶ 적용

이분은 정치범 수용소에 있었기에 햇볕도 없이 지내셨다니 그 긴 세월이 어떠했을까? 그 외에 9년간 또 다른 감옥에 있었다. 노벨평화상 수상을 떠나서, 자신 인생의 1/3 이상인 27년의 시간을 감옥에서 버텨냈다는 점이 대단하다. 또한 인권 운동가로서 활동한 점이 존경스럽다.

잘 배우고 좋고 높은 자리에 올라, 공정하게 법 집행을 하지 않고 권력과 타협하는 일들이 세계 곳곳에서 자행되기도 한다. 그런 모습과 전혀 다른 모습이다.

20. 마틴 루터 킹 목사

- 1929-1968. 미국의 침례회 목사이자 흑인 해방 운동가이다. 미국 애

틀랜타 출신. 비폭력 인권 운동가. 보스턴대학교 철학박사. 36세인 1964년 노벨평화상을 받았다. 평화주의자로 미국내 흑인의 인권운동을 이끌었다. 40세에 암살로 인해서 사망했다. 미국 흑인민권 운동의 상징이다.

▶▶ 적용

개인적으로 미국 애틀랜타(Georgia)에 몇 번 가봤다. 누이와 조카가 살기 때문이다. 흑인 해방 비폭력 운동을 한 분들이 대단하다고 생각한다. 자신을 희생하면서 대의명분을 두고 활동하였다. 반대 세력에게 언제든 공격당할 수 있는 위험 부담, 신변의 위협을 감수하고 말이다.

그는 암살로 사망했지만, 그의 정신과 용기는 역사에 남았다. 실천하는 목사, 타인을 배려하는 사람으로 존경한다. 또한 이 땅을 살아가면서 타인을 배려하고 존중하는 점을 배우려 한다.

21. 최성구(崔聖九)

- 1933-2004. 경주 최씨. 경기도 서운면 인리 출생. 필자 부친. 일찍 부모를 여의고 살아왔음. 누이가 한 분 계셨으나 역시 6.25 전쟁 때 여의었음. 맨손으로 척박한 땅을 일구고 자식을 먹여 살림. 기독교 신앙을 가졌음.

▶▶ 적용

혈혈단신 외로운 삶에서 몇십 년간 어머니와 육남매 자녀를 돌보느라 고생하셨다. 교육받을 기회가 부족했음에도 스스로 배우고 노력했다. 그 연배의 우리나라 어른들의 모습이기도 하다. 이 땅에서 살면서 누리지 못한 것들을 자유롭게 느끼면서 행복하시기를 기원할 뿐이다. 언젠가 만날 때까지 말이다. 늘 감사하고 그리운 마음이다.

22. 이어령

- 1934년 충남 아산 출신. 2022년 2월 사망. 평범한 가정, 서산시 출신. 위로 형들이 있었음. 넉넉하지 않은 가정생활, 어려서 일찍 어머니가 돌아가셔서 외로운 소년기, 청소년기를 보냄. 그것을 극복하고 평생 독서와 글쓰기를 실천함.

암으로 돌아가시기 전까지도 책을 출간하시고 글을 쓰심. 사람 많은 곳 안 좋아하고 평범하지 않은 면도 있지만, 스스로 도전하고 창의적인 분.

▶▶ 적용

돌아가시 전까지도 책을 쓰고 출간을 했다. 우리나라 지식인의 상징이자, 끊임없이 사고하고 창의적이신 분이셨다. 88년 올림픽 굴렁쇠 이벤트부터 지속적인 독서와 글쓰기가 인상적이다. 그를 통해 노인이 되어서도 계속 노력하고 배우려는 모습을 배운다.

23. 신영복

- 1941-2016년. 경남 밀양 출신. 20년간 감옥 생활, 옥살이 중 메모, 글쓰기로 책 출간, 고(古) 이어령 선생처럼 문학의 한 획을 그은 분. 그 지독한 시간의 옥살이에서 이겨내고 성숙함을 쌓은 분이다.

▶▶ 적용

저자는 감옥 생활 20여 년을 두 번째 대학을 다녔다고 표현한다. 저자는 성공회대 교수를 하고, 라디오 방송을 출연한 인연으로 40대 중후반의 나이에 라디오 PD와 결혼한 것으로 안다. 지났지만 축하할 일이다.

20대부터 20년을 감옥에서 보내고 40대 중반 이후에 세상에 나왔던 분이다. 아무리 사회생활이 적응하기 힘들고, 청소년기가 힘들었다고 해도, 이분의 20년 감옥 생활에 비교할 수 있을까?

24. 이찬수 목사

- 1961년생. 담임목사. 분당우리교회가 커지자 교회를 몇 개로 만들어 분리했다. 즉 유명한 대형교회의 기능, 권력과 힘을 과감히 나누었다. 혼자 움켜쥐고 더 강해지는 것이 아니라, 성경대로 나누는 삶을 실천한 것이라고 볼 수도 있다.

늘 겸손하고 부족하게 보이려 함. 자만하지 않으려는 분으로 안다. 말씀뿐만 아니라 몸으로 실천하는 분. 이 시대의 모범인 목사 중 한 분임.

▶▶ 적용

교회를 분리했다. 새롭게 교회를 만들어서 많은 성도와 목사들을 나누었다. 교회가 건물이나 보이는 것뿐이 아니라는 것을 실천했다. 대부분의 교회와 다른 행태이다. 일부 교회는 세습을 하기도 한다. 그런 상황에서 실제 교회의 행할 부분을 실천하고 있다. 어려운 이웃을 돕고, 사랑을 나눈다는 교회의 역할을 수행하고 있는 것으로 안다. 큰 교회 중에 과감하게 교회 분리와 쏠린 권력, 힘 나누는 것을 실제 실천한 드문 경우로 선택해 보았다.

지구 곳곳에서 이웃을 섬기고 헐벗고 가난한 자를 돕는 많은 선교사님, 봉사자들이 계실 것이다. 몸소 실천하는 고귀한 그분들께 감사, 애정의 마음을 전한다. 늘 건강하시기를 바란다. 이웃 사랑을 배우고 작게라도 점차 실천해 나가겠다. 당장 길에 보이는 쓰레기라도 몇 개씩 남모르게 줍는 것을 실천하겠다.

70% 자리가 득위(得位)의 자리이다. 70%의 자리에 가라. 자기 능력이 100이면 70의 역량을 요구하는 곳에 가는 게 득위이다. 반대의 경우에는 30을 함량 미달로 채우거나 권위로 채우거나 거짓으로 채울 수밖에 없다. 결국 자기도 파괴되고 맡은 소임도 실패한다"(신영복, "담론", 돌베개, (2015)). 물론 자리에 맞게 능력이 생긴다는 의견도 있다. 자신에게는 기회인 것이 타인을 괴롭게 할 수 있다는 의미도 포함한다.

김영하, "살인자의 기억법", 문학동네, (2013)으로 유명한 김영하 작가도 2018년 11월 tvN 예능 '알뜰신잡3'에서 이야기했다. "사람은 자신의 능력 100%를 다 사용해서는 안 된다. 60~70%만 써야 된다. 인생에서 어떤 일이 일어날지 모르고 그 일을 대비하기 위해서 능력이나 체력을 남겨둬야 한다"라고. 즉 그는 절대 최선을 다해서는 안 된다고 생각해서 집에서는 대체로 누워있다고 말했다. 마치 이는 지나침이 없는 '중용'과도 상통하는 것 같다. 미술 작품에서 '여백의 미'와도 연관이 있어 보인다.

너무 타인을 빡빡하게 대하거나 몸에 지나치게 힘이 들어가면 안 되는 것 과도 연관되어 보인다. 힘을 빼고 집착, 욕심과 강박 관념을 버려야 한다. 너무 잘하려고 하면 오히려 역효과가 난다. 매일 회사에서 진을 다 빼고 집에 가서는 가족들과 따뜻한 이야기 하나 못 나눈다고 생각해 보자. 과연 이것이 누구를 위한 것인가? 스스로 돌아보게 될 것이다.

자기 관리 능력, 고(古) 신영복 작가가 언급한 무위, 약 70% 정도의 에너지와 역량을 사용하는 것을 적용해 보자. 퇴근 후 산책도 할 수 있고 약간의 운동과 취미 활동도 할 수 있다. 자기 계발을 꾀하고 자녀와 대화도 하며, 아내와 산책도 같이 해 보자. 창의성과 창조력은 마음과 신체의 여유에서 나오기 때문이다.

엘리자베스 퀴블러 로스, "상실수업", 인빅투스, (2014)에서는 큰 고통이나 아픔, 사고를 겪은 후, 밀려오는 감정을 감추지 말라고 조언한다. 그것을 제대로 풀지 못하면, 쌓여 있다가 언제든 갑자기 터져 나올 수 있기 때문이다. 감정의 큰 상처나 골이 패여 있기에 마치 시한폭탄과 같을 수도 있는 것이다. 그런 의미에서 앞으로의 삶에서는 가능하면 울고 싶을 때는 마음껏 울어야 한다. 힘들 때는 쉬어야 한다. 표현을 하면서 살아야 한다. 참고 숨기는 것이 능사가 아니다. 다른 사람들은 또 다른 상처, 아픔과 고통이 있는 것이다. 내가 모를 뿐이다.

타인도 나만큼 부끄러운 가정사, 개인적인 비밀이 있을 수 있다. 굳이 내가 알려고 할 필요는 없지만, 타인을 지적하거나 많이 의식할 이유도 없다. 각자의 삶이다. 타인을 너무 많이 의식하기에는 인생이 너무 짧다. 참고 숨기고 괜찮은 척하다가 몸에 이상징후가 오는 것이다.

혹자의 조언대로 고통을 자연스럽게 흘려보내야 한다. 그러한 연습을 우리의 인생에서 잘해 보는 것이 중요하다. 우리는 편리하지만 쉽지 않은 세상에 살고 있다. 늘 위험, 아픔과 슬픔에 노출되어 있다. 쉽게 상처를 받기도 한다. 그러나 우리는 소중하다. 힘을 내야 한다. 나의 이 글이 동시대를 살아가는 분들에게 공감이 되기를 희망한다.

2024.10.22

최 범 수

나의 인생 중간점검 평가표

번호	평가 항목	점수(1-5)
1	교육 - 원하는 교육을 다 받았는가?	
2	부모님 효도, 가족관계, 형제 우애 - 각각의 점수 합계 후 평균점 산출	
3	결혼 생활, 자녀 관계 - 같이 시간을 보내는 정도, 대화의 시간, 공감 정도를 포함한 점수 합계	
4	직장, 사업 운 평가 - 회사, 사업에서 얼마나 운이 있었는가?	
5	금전운 - 월급, 저축, 투자 포함한 운이 어느 정도였는가?	
6	대인 관계(회사, 학교, 기타) - 원만한 인간관계, 꾸준한 관리에 대한 평가	
7	종교 생활, 도덕성 - 스스로 평가하여 기재	
8	국내외 여행, 세상 알기 - 국내, 해외 방문, 경험 쌓기, 다양한 사람 만나고 문화 익히기	
9	대외활동, 사회참여, 봉사 - 개인적인 것 외에 사회적인 기여, 활동 지수 표시	
10	건강 - 현재 건강 상태, 관리, 복용하는 약, 진행 상황 고려	
11	마음가짐(감사, 영광, 기타) - 평안함과 감사함을 안정적으로 유지하는가?	
12	1) 남들과 다른 자신만의 삶, 2) 자신의 가치와 꿈의 지향 - 비교하지 않고 스스로 만족하는 정도 표시	
13	살면서 잘한 부분 평가 - 인생을 돌아볼 때 스스로 잘한 것 평가	
14	살면서 아쉬운 부분 평가 - 인생을 되짚어 보면서 반성, 아쉬움 고려한 평가	
15	앞으로 삶에서 지속 추구할 달성 목표, 그에 대한 구체적 계획 설정 점수(4050 이후 도전할 것들 목록 설정)	
	합계	

20-49점: 다소 부족, 50-59점: 약간 부족, 60점 이상: 보통, 70점 이상: 양호, 75점 이상: 우수, 85점 이상: 매우 우수

별첨 작가의 인생 중간점검, 자기 평가 결과 및 내용

1. 교육

- H대 졸업(99년), MBA졸업(2014년-영국 W학교), DBA 졸업(2019년- A학교, USA)
- 총평 : 고교 시절 방황과 가정 형편으로 대학교는 평범한 곳에 진학함. 개인적인 공부에 대한 갈망으로 싱가포르에서 경영학석사 공부. 논문 통과. 꿈을 이뤘다고 봄. 미국 DBA 논문 통과(2019).

2. 부모님, 가족, 효도, 형제 관계

- 아버지는 2004년 돌아가심. 어머니가 실질적 가장 역할을 함.
- 2남 4녀 집안 막내로 태어남. 평범한 집안 출신임.
- 효도를 늘 하려고 마음을 다하고 있으나 충분하지 않음.
- 형제관계는 평범함. 막내로 자라서 사랑을 많이 받았음.

3. 결혼(아내, 자녀)

2001년 직장 동료인 아내와 만나 결혼했음. 24년째 잘 지내고 있음. 아이로 인한 부침, 아내 건강으로 인한 부침, 나의 직장 국내외 생활, 이직 등으로 인한 부침이 있었음. 부모로서 자녀와 친숙한 관계 형성을 위해 노력하고 있음. 교육적인 면에서 부모로서 부족하다고 느끼고 노력하고 있음.

4. 직장, 사업운

1998년 말부터 2024년까지 약 25년간 대부분은 직장생활, 또는 일부 사업을 했음. 2003년 몇 년의 경력을 쌓은 후에 대기업 전자회사 해외 영업(여의도)에 입사하면서 다양한 경험을 함. 한국 본사, 해외법인(PM, 지점장) 경험을 함. 회사에서 국내외영업 팀장, 본부장 역할을 하였음. 직장운은 평균 이상이었음. 수십 개 국의 외국 사업가, 회사원, 현지인들과 대화해 보고, 이국 문화도 체험한 것이 소중한 자산임.

5. 금전운(수입, 지출, 투자, 자산)

- 안성 출신 최씨 막내 아들로서는 양호한 금전운임.
- 다만 A전자회사 동료, 임원 선배 등과 비교하면 평범 혹은 평균의 금전운이라고 봄.

6. 대인관계(회사, 학교, 기타 종교)

- 평범, 조용한 편임. 회사를 몇 번 이직해서 A전자 동료 몇 명, 기타 소수와 연락하고 지냄. 퇴직하면 흔히 멀어짐. 상대적으로 그런 것을 일찍 경험함.
- 고교친구 및 대학교 친구 몇 명 연락하고 지냄. 평범함. 그래도 몇 명의 편안하고 이해관계 없이 만나거나 연락할 친구가 있음에 감사함.
- 종교는 고교 시절 친구 권유로 교회 출석을 시작. 중간에 뜨겁기도 했으나 부침이 있음. 교회 내 인간관계와 적응의 어려움이 있기도 함.

7. 종교, 도덕성 유지

- 기독교인, 고교시절에 세례 받음. 2012년경 싱가포르에서 제자 훈련도 받고 가정교회 경험함. 성경을 몇 차례 통독하거나 날마다 일정 분량 읽기도 함. 특정 종교를 믿지만, 다양한 타 종교 서적도 읽고 그 말씀에서 진리가 통함을 발견함. 종교에 대한 편견을 갖지 않으려고 노력하고 있음.
- 무지하거나 자칫 긴장을 풀면 나쁜 일에 연루될 가능성이 항상 있는 사회에 살고 있음. 직장 생활, 대인관계에서도 더 주의하려 함.

8. 국내외 여행, 세상 알기

- 세계 다양한 도시를 다녀 봄. 견문으로는 만족함. 수백 회 비행기 타고 여행을 했음. 약 30개 이상 국가의 외국인들과 만나 보았음. 다양한 사람들과 대화하거나 식사를 했음. 세상 구경 많이 했음.

9. 대외활동, 사회참여, 봉사

- 컴패션에 약 2~3천만 원의 기부를 몇 년간 했음. 싱가포르에서 거주할 동안에 주1회 인디아타운에서 밥 퍼주는 봉사를 했음.
- 바쁘다는 핑계로, 스스로 직장 생활, 사업한다고 많은 대외활동을 하지 못했음.

10.건강

- 40대말부터 건강을 더 신경쓰고 있음. 과거 회사에서 과도하게 일한

것, 유전적인 것이 영향을 미침. 다행히 기본 체중은 적정하게 유지하고 있음.
- 꾸준하게 아침 운동하고 있음.

11. 마음가짐(감사, 영광, 기타)
지금까지 지내온 것에 늘 감사함. 이렇게 50년 살게 하신 것에 늘 영광스러움. 부족한 것 많고, 미흡한 모습이지만 이제까지도 감사함. 앞으로 남은 삶도 기대함.

12. 남들과 다른 삶
- 학창 시절에는 평범하지만 불우하기도 한 가정 환경이 있었음. 이웃들도 어려운 점이 있지만, 우리 가정도 환경이 좋은 가정은 아니었음.
- 하고 싶은 공부나 도전은 상당 부분 해 보고, 해외 영업의 많은 꿈을 이뤘음. 해외 국가, 서울, 모르는 곳에 시골 출신으로 가보고 사람들 만나보고 싶은 게 꿈이었고 그 꿈을 이미 이루어서 더할 나위가 없음. 실패도 해봤고 그 당시는 큰 고통이지만, 새롭게 배우는 삶을 살아옴.

13. 잘한 부분
- 늘 도전했음. 공부 대학원, 박사 과정도 도전의 연속이었음.
- 열심히 했음. 새벽부터 도전했음. 어떤 것에 집중해서 정말 열심히 노력했음. 회사에서 새벽에 조용히 출근해서 일을 한 적도 많음. 도전과 성취지향형으로 살아왔음.

- 최근에는 데이터 분석 분야 및 해외 온라인 마케팅 기획을 연구하고 있음.

14. 아쉬운 부분
- 꽃을 피우기에 좀 부족했다.
- 아직 필자로서 또는 성공한 사업가로서, 기타 최고의 직장인으로서 인지도, 브랜드가 평범하다. 계속 도전하고 창의적인 사고로 진행한다면, 물론 어떠한 계기로 성장할 가능성은 있다.
- 내 능력, 나를 보내신 분의 용도가 나를 이 정도에 만족하신다면 괜찮다. 하지만 더 쓰신다면, 50세 이후의 도서 출간 및 새로운 도전의 삶을 지속해 보리라.

15. 앞으로의 삶에서 추구하고 싶은 목표
- 금전 : 더 욕심을 많이 부리지 말기로 한다. 생각을 건강하고 충실하게 바꾸자. 경쟁력을 키우는 일을 찾아 65세나 70세까지 계속 일을 하기로 한다. 월 생활비 충당이 가능한 일을 한다. 자기 계발도 지속한다. 65~70세까지 할 수 있는 특정 분야, 경쟁력 유지 있는 업무로 나의 차별성을 확보한다. 강의, 책 쓰기, 해외업무, 영어 수업 등 제안서를 몇 개 만들고 관리한다. 연배보다 늘 젊도록 노력한다.
- 친구관계 : 갑자기 바뀌기는 쉽지 않다. 진실한 친구, 가족 등 몇 명과 좋은 관계 유지한다.
- 사회활동 : 1달 1회 봉사 활동을 일단 고려해 보자. 재능 기부도 좋다.

- 가족 : 가족에게 따뜻하고 꾸준한 사람이 되자. 아량을 갖자.
- 꿈 : 직장/경제 생활, 독서, 책 쓰기, 약간의 봉사/사회생활, 가족과의 시간, 남편/아빠/아들/사위로서의 생활을 더 확장해 보자.
- 노후 생활 : 건강 관리, 컨디션 관리, 경쟁력 확장, 독서 생활화, 글쓰기, 행복감 고취, 사회 최소한 참여(봉사)를 추진하자.
- 노후에 삶을 마감할 때 상황 준비/희망 : 평범하고 감사하게 살다가 가자. 지금까지 지켜 주심에 감사하자. 자녀, 아내 지켜주시기를 하나님께 기도한다. 깔끔하게 살다가 가게, 오래 아파서 눕지 않게 해 주시어 감사하다고 이야기해 본다. 그동안 참 감사했다. 너무 욕심내지 않는 50세 이후 삶을 인도하심에 감사하다. 한두 개라도 사회에 기여하게 해 주시어 감사하다. (책을 통한 공감, 치유 또는 봉사). 자녀에게 복 주시어 감사하다. 큰 축복에 감사한다.
- 사회에의 참여, 기타 사고 방식 : 인간관계가 참 어렵다. 50대 이후 삶을 잘 인도해 주시기를 바란다. 생각도 더 확장하고 관대하게 해 달라. 사람관계, 경제적인 이슈에 얽매여 고통에 빠지지 않게 해 주시기 바란다.

작가의 사례를 공유해 봤다. 각자 자신의 인생 중간점검, 자기만의 평가를 해 봐도 좋다. 나를 돌아보고 앞으로 나의 소소하고 행복한 활동의 첫걸음을 시작해 보자. 우리는 생각보다 더 행복해질 수 있다.

이 책을 통해서 독자가 위로, 공감, 회복 그리고 마음 속에 따스함을 느끼기를 기대한다.

| 참고한 책들 |

· 김승호, “사장학개론”, 스노우폭스북스, (2023).
· 김승호, “김밥 파는 CEO”, 황금사자, (2011).
· 구마가이 마사토시, “꿈을 이루어 주는 한 권의 수첩”, 북폴리오, (2004).
· 구본형, “그대, 스스로를 고용하라”, 김영사, (2005).
· 구본형, “마흔 세 살에 다시 시작하다”, 휴머니스트, (2007).
· 구본형, “익숙한 것과의 결별”, 을유문화사, (2007).
· 김나영, “제2의 뇌 장혁명”, 국일미디어, (2023).
· 김성우, “30일 5분 달리기”, 에이치비 프레스, (2021).
· 김영하, “살인자의 기억법”, 문학동네, (2013).
· 김주환, “회복 탄력성”, 위즈덤하우스, (2019).
· 게리 켈러, 제이 파파산 “원씽(The One Thing)”, 비즈니스북스, (2013).
· 나태주, “오래 보아야 예쁘다. 너도 그렇다”, 한아롱, (2015).
· 다카다 히카루, “쓰지 않으면 아이디어는 사라진다”, 포텐업, (2024).
· 리처든 칼슨, “사소한 것에 목숨 걸지 마라”, 도솔, (2015).
· 리처든 칼슨, “행복에 목숨 걸지 마라”, 한국경제신문사, (2010).
· 리카 파카라, “핀란드 교육 현장 보고서”, 담푸스, (2013, 고향옥 옮김.)
· 린다 마르티네즈 루이, “왜 그 사람은 자기밖에 모를까”, 수린재, (2011).
· 박노해, “사람만이 희망이다”, 느린걸음, (2011).
· 박요철, “스몰 스텝”, 뜨인돌출판사, (2018).
· 박동창, “맨발걷기의 첫걸음”, 국일미디어, (2023).
· 발타자르 그라시안, “세상을 보는 지혜”, 자화상, (2020, 쇼펜하우어, 박민수 옮김).
· 벤저민 하디, “퓨처셀프”, 상상스퀘어, (2024).
· 법륜, “인생수업”, 휴, (2013).
· 법륜, “행복”, 나무의마음, (2016).
· 신영복, “감옥으로부터의 사색”, 돌베개, (2010).
· 신영복, “담론”, 돌베개, (2015).
· 오프라 윈프리(Oprah Gail Winfrey), “언제나 길은 있다”, 한국경제신문, (2020).
· 야스민 카르발하이로, “자기회복력”, 가나, (2022, 한윤진 옮김).
· 엘리자베스 퀴블러 로스, “상실수업”. 인빅투스, (2014).
· 이현세, “인생이란 나를 믿고 가는 것이다”. 토네이도, (2014).
· 유한준, 이종욱, “손정의 리더십”, BookStar, (2018).
· 이해인, “이해인의 햇빛일기”, 열림원, (2023).
· 이해인, “작은 기도”, 열림원, (2011).
· 장석주, “단순한 것이 아름답다”, 문학세계사, (2016).
· 장석주, “우리를 행복하게 하는 것들”, 을유문화사, (2019).
· 장석주, “마흔의 서재”, 프시케의숲, (2020).
· 조용헌, “조용헌의 인생독법”, 불광출판사(2018).
· 조지 베일런트, “행복의 조건”, 프론티어, (2010, 이덕남 번역).
· 존 크럼볼츠, 라이언 바비노, “빠르게 실패하기”, 스노우폭스북스, (2022).
· 존 템플턴, “존 템플턴의 행복론”, 굿모닝북스, (2006, 권성희 옮김).
· 줄리아 켈러, “퀴팅(Quitting)”, 교보문고, (2024).
· 제임스 J. 메이포스, “5분 상상력”, 화니북스, (2004, 조성대 옮김).
· 재레드 다이아몬드, “총균쇠”, 김영사(2023).
· 최진석, “경계에 흐르다”, 소나무, (2017).
· 최진석, “나를 향해 걷는 열 걸음”, 열림원, (2022).
· 크리스 코트먼, 해롤드 시니츠키, “감정을 선택하라”, 유노북스, (2016, 곽성혜 옮김).
· 헬렌 니어링, 스코트 니어링, “조화로운 삶”, 보리출판사, (2000, 류시화 번역).